中くらいの
幸せは
お金で買える

Fujihara Kazuhiro
藤原和博

筑摩書房

中くらいの幸せはお金で買える　目次

中くらいの幸せはお金で買える

ブックデザイン　鈴木成一デザイン室

はじめに　どうして日本人は、幸福感を感じられないのか

アメリカのシンクタンク、ピュー・リサーチセンターが二〇一四年に世界各国の「幸福度」を調べました。四三カ国の国民に対し、生活の満足度についてアンケート形式で答えてもらったのですが、「日本人の幸福度」はどのあたりだったと思いますか。

なんと先進国の中で最下位という結果だったのです。先進国の中では低い国である韓国やイタリアを下回り、新興国であるインドネシアよりも低いポイントでした。

日本の豊かさ、生活の便利さは、間違いなく世界に冠たるところだと、私は思っています。生活コストが低く、しかもサービスレベルが高い。何より多くの外国人が知って驚くのが、日本の食事情です。

高いお金を払って、おいしいものや優れたサービスを手に入れられるのは当たり前のことですが、日本はそうではありません。たとえ安くても、おいしいもの、いいもの、いいサービスがあるのです。

ファストフードやコンビニエンスストア、ファストファッションは、その象徴的な存在

●先進国、新興国の「幸福度」

「生活の満足度」をはしごにたとえて10段階に分けて、7段目以上と回答した人がどのくらいの割合かをもとに「幸福度」を算出　（出典：ピュー・リサーチセンター 2014）

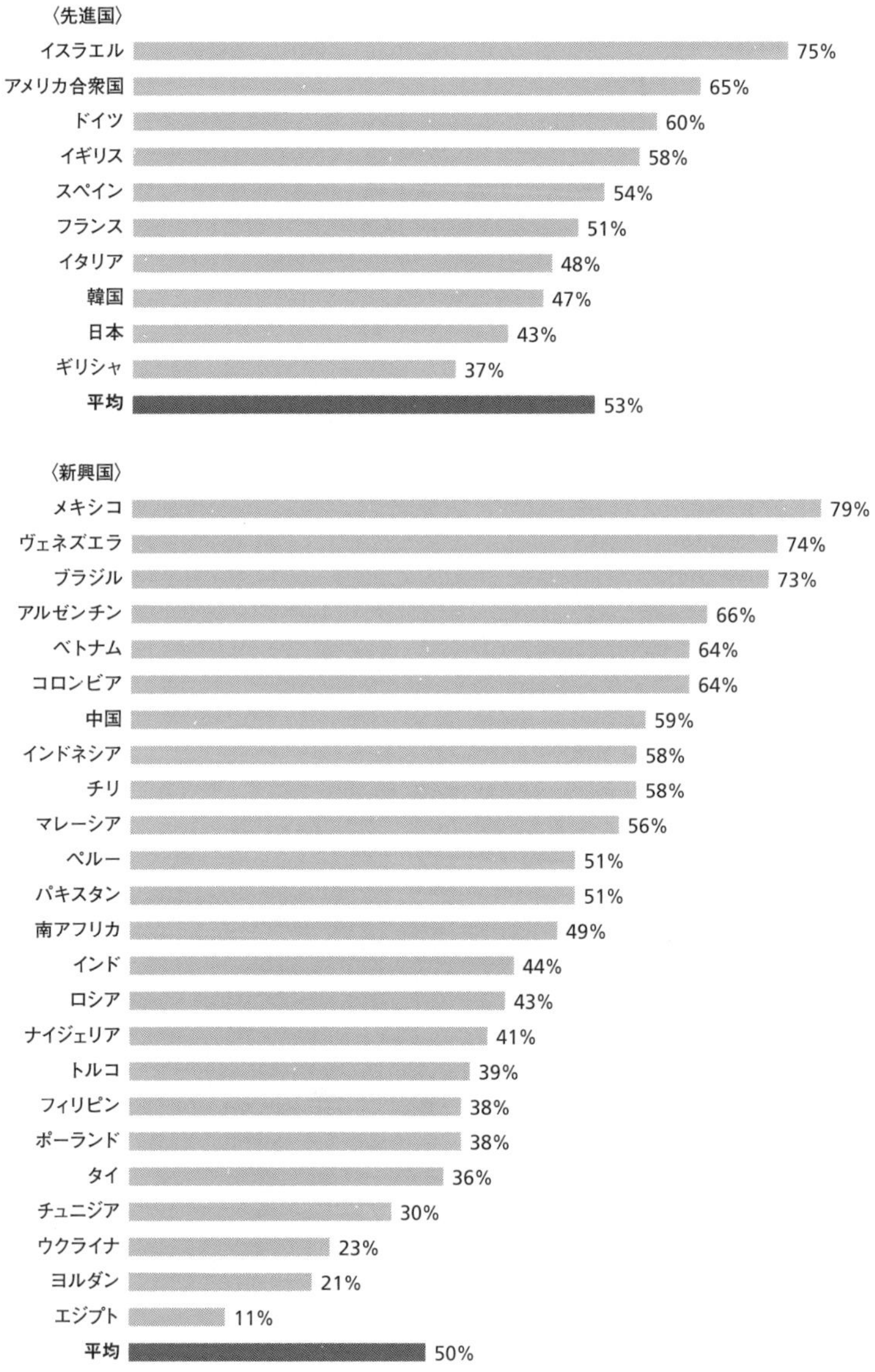

です。コンビニでは、一〇〇円で挽きたてコーヒーが買えますし、季節ごとに様々なデザートの新製品が出ます。スーパーで買えるインスタントラーメンの中には、麺もスープも有名店に引けをとらないものがあります。ユニクロのファッションについては、言うまでもないでしょう。

だから、日本ではそれほどの高収入を得ていなくても、おしゃれをしたり、おいしいものを食べたりできるのです。実は、意外にゆとりある生活を日本人はしている。世界から見れば、それは間違いなく、お金持ちの暮らしです。

これがアメリカだとそうはいきません。一億円、二億円の年収がなければ、お金持ちの暮らしという感覚がしない。日本では一〇億円、二〇億円もあれば十分に超資産家ですが、アメリカだと一〇〇億円から一〇〇〇億円はないと、豪遊できるような金持ちの部類には入りません。桁違いの金持ちが存在し、その差をいやでも感じさせられてしまうのです。

日本も、格差が広がってきたとは言われていますが、住居があって、ある程度の定期収入があれば、まあまあ豊かに暮らせます。何より、世界の人が求めている安全がこの国にはあります。欧米では小学校に親か代理人が迎えに行かなければ、子どもを帰してくれません。特にアメリカは、年間八〇万人の子どもが行方不明になるというのです。それに比較すれば、まだ子どもの一人歩きが可能な日本は、時々驚愕する事件も起きるとはいえ、はるかに安全であることは間違いないと思います。

時に激しい天災もありますが、四季おりおりの自然の美しさがあり、内戦や外国との戦争は、一九四五年以来、七〇年間ありません。さらに礼儀やおもてなしの心も、かろうじて保たれています。公共の美術館や図書館、公園も気軽に利用できます。そして何より、食べ物が多様でおいしい。

キリストが二〇〇〇年後に東方に現れるだろうと予言した天国は、日本のことではないかと私は思っているほどです。


ところが、その国に暮らす肝心の日本人の幸福度が低いのです。

でも「それは、なんとなくわかるなあ」という読者も、実は少なくないのではないでしょうか。

日本は、世界第三位の経済大国です。ここ二〇年の停滞はあるかもしれませんが、可処分所得は確実に上がってきている。世界のブランド物も買える。薄型テレビもおそうじロボットも買える。海外旅行にも行ける。しかし、そんなことと幸福度は直結しないと、多くの人がわかっているのではないでしょうか。

もしかすると、お金と幸福度はまったく関係ないのでしょうか。

いや、そうではないと私は思っています。

要するに、こういうことではないかと思うのです。日本人は、お金の使い方がわかっていないのではないか。そもそも、お金の使い方というものを考えたことがないし、教わったこともない。だから、せっかくお金があるのに、うまく使えていないのではないか、と。

私は一九九三年から二年四カ月、ヨーロッパに暮らしました。日本より一足先に経済的にも文化的にも成熟しているのが、ヨーロッパです。そこで私が見たのは、日本の時代の流れとはむしろ逆に流れているように見える光景でした。

例えば、ヨーロッパの人の家にお邪魔する。そうすると、モノが驚くほど少ないということがわかります。ところが、そこに暮らす人々の生活に対する満足度は極めて高いのです。彼らはモノを増やそうとしない。むしろ、できるだけ減らそうとします。

私はだんだん思うようになりました。日本の問題点は、まだモノにしか価値を認められないことにあるのではないか、と。

結局、高度成長期の「三種の神器」ではありませんが、家の中にモノが増えていくことが幸せや満足につながると、まだ勘違いしているのではないかと思うのです。

それこそが、これほど豊かな国に暮らしていながら、人々の幸福度が低い理由ではないでしょうか。

端的に言えば、お金の使い方が間違っているのです。言葉は悪いのですが、いまだに「成金」的なお金の使い方しかできていない。

しかし、このお金の使い方というのは、実のところそう簡単なものではありません。実際、ヨーロッパの人たちにしても、何代にもわたってこの問題に取り組んできて今がある、とも言えます。

そろそろ日本人も、本当に人を幸せにしてくれるお金の使い方を学ばなければいけない時期に来ているのです。幸せになれるだけの経済力を持っている日本人だからこそ、です。

本書は、いかにして幸せを買うか、という異色の教科書です。そのための一八のお金の使い方を、これから具体的に示したいと思います。

序章　幸せにも、種類があることを知る

日本の社会で「幸せはお金で買える」などと公言したら、すぐさま「あいつは守銭奴だ」と罵倒されるのがオチでしょう。

しかし、私はこう考えています。

「幸せには三つの種類がある。〝大きな幸せ〟も〝小さな幸せ〟もお金とは無縁だが、〝中くらいの幸せ〟をゲットするには、お金の使い方がカギになる」

〝大きな幸せ〟とは、人が自分の夢を実現した時に得られるような、何にも換えがたい幸福感です。これは、その内容や質について一人ひとりの違いが大きく、あまり一般論は通

用しません。

そんな〝大きな幸せ〟を実現するには「夢を追いかけるのをあきらめないで。何度失敗しても成功するまで続ければ夢は必ず実現するから」というような精神論か、「一〇年後に達成した時のイメージを、現在に割り戻して毎年の目標を段階的に定め、今年何をやり遂げるか、であれば今日何をすべきか、細かい目標管理をせよ」というような方法論を語ることくらいしかできないと思います。

経済的に成功をすれば、お金はあとからついてきますが、お金があるから成功できるわけではありません。だから、〝大きな幸せ〟をお金で買うことはできません。

また、〝大きな幸せ〟につながる自己実現は、必ずしも経済的な成功に限りません。お金とは無縁であることも多いでしょう。多くの人々に生きる上での救済を与えたマザー・テレサのような生涯をイメージするだけでも、それは自明です。

これに対して、〝小さな幸せ〟とは、自分の中か、向き合う他者との間に生まれる感覚としての、その瞬間瞬間に訪れる幸福感です。

席を譲った高齢者に「ありがとう」と言われてうれしくなった。初めて逆上がりができた子どもと「やった！」と喜び合った。赤ちゃんを抱いている時、何とも言えずホワーッとしたやさしい気持ちになった……。

自分自身の中でも、わからなかったことがわかるようになったとか、できなかったことができるようになったとか、そんな時に感じる〝小さな幸せ〟もあります。〝小さな幸せ〟は、自分の中で感じる心の動きですから、気の持ちようで、いくらでも小さな喜びを得ることができます。

大病や大怪我をしたりして死に直面したような人は、文字通り、一瞬一瞬生きている幸せを感じるようになるはずです。

末期の病気の症状としてオシッコやウンチが出なくなって死んでいく肉親を看取ったことのある人は、大便や小便が自然に出るだけでもありがたいと思うかもしれません。そんな、日常にちょっとした幸せを感じる力を持っている人は、毎日が十分な幸福感で満たされるはずです。それこそ、今の時代にこの豊かで平和な日本に生まれたというだけで、幸せ感を抱き続けられる人もいるでしょう。

これらも、基本的にお金とは無縁です。

しかし、私がここで論じたいのは、そのような〝大きな幸せ〟や〝小さな幸せ〟のことではありません。

まず、**〝中くらいの幸せ〟**というのがあることに気づきましょう。そして、そういう幸福感であれば、実はうまくお金を使うことでもっと増幅できるのです。

この本では初めて、私の方法論をまとめて開示したいと思います。

ちょっとした知恵と工夫で、人生がもっと彩られるということを知ってほしいですし、人と人との間の幸福感を増やすことができる提案をしたいのです。

そしてそこには、これからの成熟社会を生き抜いていくための、一つの重要なキーワードが潜んでいます。

おそらく、こんな提案をした本は、過去に一冊もないと思います。

まさに、「異色の教科書」です。

「他者との絆」＝人間関係にこそ、お金は活きる

イメージをはっきりさせるために、今まで出版された既存分野の類書ではない、という言い方でこの本を定義してみましょう。

（１）日常的な「節約」の知恵で、お金を浮かせようという本ではない。
（２）不動産や株などの金融投資で儲けよう、という本ではない。
（３）ネットを使ってビジネスをすれば超スピードで儲かりますよ、という本ではない。

つまり、金融資産を殖やすための本ではない。金融資産をほんのちょっと有している人、使えるお金にちょっとだけ余裕のある人が、その「使い方」を考える本です。

それから、次のような項目は扱いません。

（4）子どもに受験させるとか、留学させる投資。

（5）先のリスク回避のための保険への投資。

子どもがいるかいないかも、どんなリスクを抱えて人生を送っているかも千差万別だからです。子どもの教育と、保険に関するお金は、この本では扱いません。

それ以外の分野で、〝中規模に継続する幸福感〟をゲットするための方法は、どれほどあるのか。

それが、この本のメインテーマです。

「幸せをお金で買う」というテーマについては、『「幸せをお金で買う」5つの授業』（中経出版）という本があります。私は、TEDでもプレゼンテーションされたこの研究に共感しましたし、多大なインスピレーションをもらいました。

また一方で、「それをお金で買っちゃあおしまいよ！」というギリギリの線引きもあるはずなのですが、これはハーバード大学、マイケル・サンデル教授の『それをお金で買いますか』（早川書房）からヒントを得ました。

だからこの本は、私自身の経験的知見と、上記二冊の本との国際的なセッションとも言うべきものになっています。

『「幸せをお金で買う」5つの授業』の中では、幸福感が得られるお金の使い方のポイントは、次の五つだとしています。
1　モノより「経験」を買う
2　ご褒美にする
3　時間を買う
4　先に支払って、あとで消費する（おあずけ）
5　他人に投資する
これには私も大いに共感するのですが、実のところ私の原則はもっとシンプルで一つだけです。

「人との絆を結ぶ物語にだけお金を使う」

簡単に言ってしまえば、人間関係にお金を使う、ということです。

逆に言えば、それ以外の、単純に資産を殖やすだけだったり、リスクを分散するだけだったり、家族を守るだけだったり、自分が得するだけだったり、身内を儲けさせるだけのことには、できるだけお金を使わないということ。

モノを持つとか、殖やすとか、ブランド品を集めるとかを含めて、自己増殖のためにお金を使うのではないということです。かといって、何に使われるかわからない（最後の到達点が見えない）団体に寄付するのでもなく、**ひたすら「人との絆」にお金を使い続ける。**

振り返ってみれば、これこそが、私がやってきたお金の使い方だったのです。


「巨万の富を持つお金持ちは不幸である」と断じてしまおう

一方、マイケル・サンデル教授が問いかける『それをお金で買いますか』には、次のようなケースが取り上げられています。

1　行列に並ばないファストトラックにお金を払う（医者に診てもらうを含め）
2　お金を払ってサイを狩り、セイウチを撃つ
3　ネットで結婚式の挨拶（式辞）を買う
4　名誉を買う

5　カラダを広告スペースにして企業に売る

明らかに不道徳で自分はやらないと思うケースから、チャンスがあればけっこうやってしまうだろうなというケースまで、様々です。あくまで自分の道徳律（ドクトリン）に従っていいのだから、判断はそれぞれでしょう。

しかし、これも、私なら一つの原則を掲げれば済みます。

「人との絆を結ぶ物語でなければ、お金を使わない」という原則です。

この原則に従えば、たとえば、結婚式でのスピーチを頼まれた時に、自分と新郎新婦との絆の物語をうまく表現するために指導を受けたり、さらに「つかめる」スピーチをプロに作ってもらったりするのにお金を使うのは、まったく問題ないと思います。

しかし、自分の快楽のためだけに金を払ってサイを狩ったり、セイウチを撃ったりするようなことは私ならしません。ただ、このお金が現地の案内人の生活を支える糧であることも事実でしょうし、一定以上に増えるとかえって他の動物のためには害になるものが対象なら、やってもいいようにも思います。

人生の目標達成という〝大きな幸福〟や、日々瞬間瞬間の〝小さな幸福〟はお金で買えないし、買う必要もありませんが、〝中規模に継続する幸福感〟つまり〝中くらいの幸せ〟は、お金の使い方にちょっとした知恵と技術があれば、入手可能なのです。

そしてさらに、「巨万の富を持つお金持ちは不幸である」と、この本では断じてしまうことにします。

嫉妬心からではありません。二つの明確な理由があります。

一つは、何でも買ってしまえるからです。極端な例を挙げれば、一億円の宝くじに当たる幸福感を得たければ、くじを全部買ってしまえばいいことになりますよね。でも、この行為の虚しさを想像できれば、ベルサイユ宮殿を建てた王様の不幸を感じることができるのではないでしょうか。

いつでも何でも買えてしまうとわかった瞬間、もう欲しいものは何一つなくなるのです。だって、いつでも買えるのだから。実際、お金持ちなのに幸せそうに見えない人はいっぱいいるでしょう。お金はあればあるほどいい、というわけではまったくない。それは、意外に真理なのです。

何でも、限界があって条件が厳しいほうが良い知恵が出て、アタマが柔らかくなります。そのほうが、人とつながりやすくなるのは言うまでもありません。持ってしまった不幸、持たざる幸せ、ということがあるのです。

二つ目の理由は、それだけお金があると、通常は守りに入ってしまうからです。

宝くじに当たった人のその後を調査した研究もあるようですが、「例外なく」とまでは言いませんが、なかなか苦しい人生を強いられるようです。

どこからか、自分の努力とは関係なくお金が入ってくるようになると、人間の特性として我欲が強まり、守りに意識が行ってしまうからでしょう。

人生は、最後まで攻めているほうが楽しいと思います。

人間は一人では幸せに生きられない、ということに気づく

さて、〝中くらいの幸せ〟を手に入れるための具体的な一八のケースを、これからご紹介しますが、どうしてそれらが幸福感を生み出すことになるのか、少し解説が必要でしょう。

端的に言えば、どうして〝人との絆を結ぶ物語〟にお金を使うべきなのか、そして、なぜ絆が重要なのか、ということ。

それは、絆の獲得が自らの居場所＝コミュニティにつながっていくからです。

多くの日本人は基本的な生活の基盤を持ち、ある程度のモノを手に入れています。日本は間違いなく便利になり、快適に暮らせるようになりました。しかし、それでも日本人が

幸福感を味わえないのには、重大な理由があると私は思っています。

それは、幸福感の本質が理解できていないということ。

つまり、人間は一人では幸せに生きられない、ということをわかっていないのです。いくらモノに囲まれていたとしても、幸せにはなれない。

この一〇年、世界を大きく変えたものと言えば、モバイル通信機器でしょう。

人々はこぞってこれを買いました。そして、人々をどんどん「孤」（個人の「個」であり孤独の「孤」）に向かわせることに成功しました。ところが、それで何をやっているのかと言えば、みんなとつながろうとしているのです。なんという皮肉でしょうか。

「みんな一緒」から「それぞれ一人ひとり」にバラバラになっていくのが、成熟社会の本質です。モバイル通信機器の発展は、当然の帰結でした。一見自由度が増すような気がするけれど、実はそれはけっこう恐ろしいことなのです。人々は情報社会の中で孤立することを恐れている。だから、「人と人の絆を作る方法」がクローズアップされてくるのです。ソーシャルネットワークがこれほど拡大しているのは、そのためだと思います。

SNSなどケータイやスマホへの投資が、最もこの孤独を癒せるものになっている。とんでもないビジネススケールで、です。

実のところ、人間が一人ひとりになると生きている実感も薄くなっていくのです。自分の人生に確信が持てなくなってくる。だから、ランチや夕食で何を食べたかをいちいち写真に撮ってブログやＳＮＳにアップしたりする人も出てきます。そして、そこに一行の感想やつぶやきを入れて、他者とのつながりを保とうとする。

しかし、ＳＮＳはしょせんバーチャルなつながりです。簡単に、あっという間に空中分解するリスクも伴っている。お手軽なつながりは、お手軽に解消されてしまうものなのです。生きていることの希薄さ、浮遊感から逃れようとしても、自己満足に過ぎません。それでは他者との絆が深くなる行為にはならない。成熟社会で孤独感をなくそうとするのは、そんなに簡単ではないですし、自分の居場所を確保するには、なにより努力が必要です。

だから、そこにこそお金を使う意味があるのです。

本当の絆を獲得するために、お金を使う。自分の居場所を見つけ、参加できるコミュニティを獲得するためにお金を使う。そこで楽しく話をすることができる共通のテーマや言葉、知恵や技術、そして対人関係スキルを手に入れるためです。

安心して付き合えて、一緒にいれば心地良くなれる仲間を得る。思いや美学を共有し、一緒に汗をかく。そういう場所をいくつも持っている人が〝中規模に継続する幸福感〟をゲットします。

そうすれば、人生の賞味期限も、より長くなります。

巨万の富を持っている人よりも、実は、多様なコミュニティを持っている人こそ、はるかに幸せなのではないでしょうか。

一万円から一〇〇万円単位の使い途で、最も多い意外なもの

もとより私が思うのは、日本人のお金の使い方で、〝中くらい〟の額にこそ問題があるのではないか、ということです。

一〇〇円単位、一〇〇〇円単位の買い物まではうまい。チラシやネットに目を凝らし、満足度をそれなりに得ています。いっぽう数千万円単位であれば、誰でも慎重に慎重に行動するでしょう。

ところが、**一万円から一〇〇万円単位の使い方がなんとも下手**なのです。これがうまく使えていないから、幸福感が台無しになっている。結果、孤独感を克服することができない。私はそう考えています。

一万円から一〇〇万円単位の使い途で、最も多いもの、最も存在感のあるものは何でしょうか。

家電の新製品やファッションなど、買い物しやすいモノを除けば、あとは「預貯金」になってしまうでしょう。

気持ちはわかります。将来の生活への不安が人々を貯金に向かわせているのです。そして、将来に備えて貯金をすることこそが正しいという刷り込みは、戦後七〇年経った今も相変わらず私たちを呪縛している。定年後に三〇年生きたらこんなにかかる、といった情報を目にすれば、対処しておかねばと真面目に考えてしまうのが日本人です。病気になってしまうかもしれない、地震が来るかもしれない、これからのリスクに備えるためには、貯金はいくらあっても足りない、ということなのでしょう。

しかし、いくら未来のための備えをしても、今の幸せをもたらしてくれるわけではありません。未来のことなど誰にもわかりません。それこそ、明日死んでしまうかもしれないリスクは誰にだってあるのですから。

実際、日本人は亡くなる時、平均三〇〇〇万円もの資産を残しているそうです。お金を天国に持っていくことはできないのに。

もっと言ってしまえば、未来への備えなど完璧にできるわけがありません。

例えば、東京には将来、大きな地震が来ると言われています。その確率について専門家から様々な見方が出ていますが、来るか来ないかはフィフティ・フィフティ、地震は五〇パーセントの確率で来るのです。それがいつか、わからないだけです。

カタストロフィ的な災害に見舞われた時、わずかな備えなどほとんど意味をなさないことは、日本の過去の災害でも明らかになっています。

そして実は、備えを意識していると、長く生きることそのものが大きなリスクになるという事実もあります。何歳まで生きるのかなんて、誰にもわからないでしょう。その天寿をまっとうできるだけのお金を、普通の人が用意しておくのは無理ではないでしょうか。それこそ長い年月となれば、インフレがやってきて、貨幣の価値が急落してしまうことだってありうるわけです。

完璧な備えなんて、どだい無理な話なのです。


将来のリスクに対して、すべてお金でなんとかしようと思ってはいけない、と私は思います。お金だけで回避しようとしても、絶対に足りなくなりますから。

しかも、そのお金を準備していくプロセスで、日々の幸せを大きく毀損してしまう可能性だってあるのです。未来のお金の不安は、「一生働けるスキルや生活できるコミュニティを手に入れる」ことでこそカバーすべきだと思います。そして万が一のリスクは、コミュニティにおける人との絆でカバーすべきではないでしょうか。

災害に限らず個人的な問題においても、カタストロフィ的な何かが起きた時、最も支えになるものは何でしょうか。その一つが絆だったことは、阪神淡路大震災でも東日本大震災でも、私たちは強烈に学んだはずです。居場所であり、コミュニティであり、お互いを支え合う場所です。職を紹介し合ったり、人を紹介し合ったりする。本当に困った時は、物々交換したり、寄付をもらったり。

そのためにこそ、今持っているお金を使いましょう。コミュニティにつながるお金の使い方を意識しましょう。それが、日本人の幸せ感を大きく変えると私は信じています。

使わないでひたすら貯金することには、今のあなただけでなく、未来のあなたも幸せにしないリスクが潜んでいるのです。

自分を「レアな存在にする」ような、お金の使い方をする

では、孤独感を和らげ、絆を深めるお金の使い方とはどういうものでしょうか。

それは、自分を自立させるためのお金の使い方だと私は考えています。複雑に絡み合った情報社会に翻弄される浮き草のような存在にならずに、自分はどういう人間なのか、ちゃんと際立たせるお金の使い方です。

極めてシンプルに言えば、**自分を「レアな存在にする」**こと。

「みんな一緒」ではなく、成熟社会の原則に従って「それぞれ一人ひとり」が人と違うことをするのです。「おお、この人はこういう人なのか」と記憶に残るお金の使い方を。人に喜んでもらえるような知識だったり、スキルだったり、趣味だったり、人脈を持つこと。そうすることで、コミュニティの中に居場所が見つかり、コミュニティにいる意味が生まれます。

お金を賢く使って、レアな自分を築く。そうすることで、様々なコミュニティの仲間から、**〝懐かしい〟存在**でい続けることができます。コミュニティの中で賞味期限を長く保つこともできます。

この周囲の人間が感じる（あなたに対する）**〝懐かしさ〟**こそが、あなた自身の幸福の源泉になるのです。なぜなら、それこそが自分の存在価値だから。自己を認められること、承認されることになるからです。

別の言い方をすれば、お金を、常識や前例や習慣に流されて使ってしまわないようにしましょうね、ということです。みんなが使うようには使わない。

これまで教科書的に教わってきたことから見れば、やや無謀な使い方をすることになるのかもしれません。もとより一種の「無謀さ」がなければ、魅力的な人と人との関係は続かないはずです。あなただって、ずっと同じようなことをしている人、進化がない人とは、付き合いたくなくなるでしょう。

そして、この「無謀さ」があなたの魅力になり、友人が寄ってくる源になる。あなたの友人たちは、そんなあなたに喜んで力を貸してくれるし、助けてくれるでしょう。

そろそろ、「こういうことがどうやら正しい」「みんながそうやっている」といった「正解主義」の呪縛から逃れなければならない。そうした従来の延長線上の態度こそが、人を幸せから遠ざけるものだと私は確信しています。

気づき始めている人も増えてきていますよね。みんなと同じ、には幸せ感はないということ。むしろ、レアな存在、**「レアカード」**になることです。

自らを希少な存在である**「レアカード」**化すること。

ここにこそ、お金を使いましょう。

人と違うお金の使い方にチャレンジするのです。これが、あなたが属するコミュニティにおける自分の価値を圧倒的に上昇させてくれます。

コミュニティに流通する通貨は、お金ではなく、志や情熱、友情や癒しといった無形の価値です。そこでは、必要なものを融通してもらったり、仕事の紹介を受けたり、場合によっては食べさせてもらうことだってありうる。

豊かな時代になり、「欲しいものがない」という声も聞こえてきます。

しかし、もしかすると「本当に欲しいもの」にまだ気づいていない人も多いのではないか、と私は思うのです。本当に欲しいものが見つかれば、お金は使いたくなるもの。そしてそれは、幸せをもたらしてくれるお金ではないでしょうか。

では、そろそろ、一八通りのお金の使い方を、順にご紹介していきましょう。

第1章「いいモノ」を買う

成金趣味を軽蔑していたはずなのに、成金やってる日本人

かつてヨーロッパに住んでいたことがある、と書きましたが、ブランドショップに続々と押し寄せ、大きな袋を提げてヨーロッパの街を歩いている日本人を見て、現地の人にこんな話をされたことがあります。

「日本はあんなに経済的に豊かな経済大国になったのに、いつまで発展途上国のような買い物を続けるのか」

これは、多くの欧米人が疑問に思っていたようでしたし、実は私も不思議に思っていました。かつて日本では、ブランド物をジャラジャラ持っているような人を、成金趣味だと軽蔑していたはずです。

ところが、自分がちょっとだけお金に余裕が出ると、思い切り成金をやってしまう人が多いのはなぜか。結局、それは教わっていないからなんですね。ある程度のお金を手に入れたけれど、成金のお金の使い方しか知らなかったのではないか、と思うのです。

逆に、人と違うことをすると足を引っ張られかねない日本の〝風土〟もあります。だから、仲良くみんなで成金趣味に走ってしまった。

もちろん、かつてはお金持ちや貴族だけが手にしていたものを所有できるようになった喜びは大きかったと思います。しかし、それは長くは続かない喜びであることは、科学的にも実証されています。

「収穫逓減の法則」という言葉がありますが、例えば最初に時計を買った時の喜びと同じ喜びを、二つ目の時計を買う時には味わえないということ。初めて自分のお金でバッグを買った時の喜びは、もうやってこない。さらに、新しいモデルを買っていっても、満足度は逓減していきます。やがては、クローゼットの肥やしになってしまいかねない。

そして、ブランドが貴族的でセレブな「記号」だった時代も、もはや過去のものになりつつあります。ブランド品を持っていれば、かつて、ある種のステータスを得ることができたことは間違いないでしょう。しかし、今はどうでしょうか。みんなが持つようになった時代に、ステータスであり続けるでしょうか。人はうらやましがるでしょうか。

ブランドに代わって、いまや使用者の評価（レビュー）や草の根の意見がネット社会のなかで市民権を得るようになってきました。ただし、それでもやっぱり他者の投票したランキングにこだわるのであれば、他人の鑑定眼を当てにするわけですから、本質的にブランド信仰と変わらないのかもしれません。

ブランドしかり、レビューしかり、他人の信仰や価値観に頼るのは、たぶん過渡期の現象といえるでしょう。途上国型から成熟国型への、です。

結局、自分自身の価値軸を築いていくためには、数をこなすしかありません。相場観や鑑定眼というものは、即席でゲットできるものではないからです。

したがって、試行錯誤が必要だし、最初は騙されることもある。

私自身、失敗したことは何度もあります。ただし大事なのは、失敗してでも自分の価値軸を作ろうと考えるかどうか。意思の問題なんですね。

それをせずに、いつもブランドやレビューといった記号に頼っていては、いつまで経っても、自分の価値軸や相場観や鑑定眼を身につけることはできません。

いずれ国内でも、日本人同士の間で「まだ発展途上国やってるの？」という問いかけが頻繁になる日が来るでしょう。そう遠くない未来に。

生地が良ければ、二〇年、三〇年は軽く持つスーツ

では、どんな買い物をすればいいのか。

あまりにも当たり前で、シンプル過ぎて怒られてしまいそうですが、「本当にいいもの」を買うということ。

言葉を換えれば、本当にいいと自分自身が心底思えるだけの「物語」のある買い物です。ブランドに語らせるのではなく、自分の「物語」の一部となるような買い物を心がけたらいかがでしょうか。安易にブランドものを買うということは、自分の「物語」ではなく、ブランド会社の「物語」をたんに消費することに他ならないからです。

例えば、私は三七歳でヨーロッパに移住したのですが、ロンドンに赴任して真っ先に、金融街のシティで有名な日本人テーラーの福留くにひろさんに頼んで、ダブルのスーツを四着作ってもらいました。英国製の生地で、一着一七万円ほどしましたが、仕立てがいいと長持ちするから元は取れる、と考えたのです。

実際、英国紳士たちは、スリーピースのスーツを作って、さんざん自分が着た後に、息子のジャケットに仕立て直し、さらにベストに直して孫にプレゼントする、くらいのことをやります。生地が良ければ、二〇年、三〇年は軽く持つのです。これこそ、「本当にい

いもの」だと思います。

もともと「もったいない」は、世界に誇れる日本の言葉です。一度購入したら末代まで大事に使うことは、貧乏の証ではない。それは世界に通用するコンセプトであり、一流の人はみな実践しているのです。


私は日本に帰国後も長くこのスーツを着ていました。一〇年目にはさすがに裏地がダメージを受け手直ししましたが、四着ともまだ現役で着られます。もちろん、ウエストは出していますが（笑）、これは仕立てのせいではありません。

もっとも二〇〇三年に杉並区立和田中学校の校長になってからは、ボタンダウンのシャツにノーネクタイで、ややカジュアルなジャケットを着るスタイルに改めましたので、スーツを着る機会は減りました。それでも、気合いを入れて勝負に出る曲面では、このスーツを今でも着ていきます。もう二〇年になりますが、着崩れはしていません。

ということは、一年間に一万円しない程度のコストだった、ということになります。毎日着るわけではないですが、月に一〇〇〇円程度なら、むしろ安かったかもしれません。

しかも、どこに行ってもこのスーツの話ができるのです。わざわざロンドンのシティで作った人はそうそういないでしょうから、人々の記憶に残る。だから、スーツが、その

「物語」によってビジネス相手との絆を作ってくれるメディア（媒体）に転換したわけです。

モノには、「いいモノ」とそうでないいモノがある

もう一つ、「いいモノ」と言えば、思い出す話があります。

私は二〇〇〇年に家を新築したのですが、その時は、父親から譲り受けた中古の古い日産ブルーバードに乗っていました。新築の家にはなんとも似つかわしくなく、かといって、クラシックカー、ヴィンテージカーというわけでもなかったので、近隣の人はみな「なんでだろう？」と思っておられたようです（笑）。

校長を辞めたのが五二歳でしたが、この時、この二〇年もののブルーバードを手放す決心をしました。そこで手に入れたのが、ジャガーSタイプの中古車でした。ロングノーズのXJタイプと違い四ドアのファミリーセダンです。

二〇代のとき、運転手をやるからと父にプレゼンして買ってもらい、一〇年乗った「いすゞ117クーペ」。それ以来、デザイン的には丸目二灯しか許されないと確信していた私は、ジャパネスクな匂いも漂う明るいブルーメタリックのジャガーに一目惚れしたのです。

この時、ネットでもさんざん情報収集をし、ディーラーを巡りました。そんな時お買い

得と思われたブルメタの「ジャガーS」があって、横浜の近くまで夫婦で見に行きました。ところが、エンジンをかけてもらうと、排気口から水が垂れていたのです。

「これ、よくあるんですよね……」

中古車屋さんの担当者はそう語りましたが、「本当かな？」と疑問が残りました。

その帰り、正規ディーラーに寄ってみると、やはり一〇〇万円は高い価格がついていました。この時、友人が言っていたことを思い出したのです。

「ヘンなものをつかんじゃうと、外車は後からメチャメチャお金がかかりますよ。エンジンがダメになっちゃうこともあるくらいだから」

結局、正規ディーラーで値札四〇〇万円だったものを、保険付きで値切って購入。新車ディーラーが営業に使っていたワンオーナー車で、禁煙車両でした。買う時には試乗させてもらうついでに自宅に寄らせてもらって、車庫にも入れてみました。車庫入れをやってみたかったからです。そして、帰りにオンボロのブルーバードをずっと整備してくれていた馴染みの整備工場の社長のところに乗り入れて、エンジン周りをプロの目から見てもらいました。

「ああ、いいエンジン音ですね」

これを聞いて、ようやく安心できました。その後、トラブルも事故もなく、機嫌良く走っています。

モノを買う時には、「いいモノ」とそうでないモノがある、ということを認識しておかなければなりません。安く買うにこしたことはありませんが、安ければいいわけではない。「安物買いの銭失い」という諺もあります。

高い買い物をする時には、通常、誰でも買うことの高揚感に騙されやすいものなのです。とりわけ家やクルマは、買った後のメンテナンスに半分支払う、と考えておいたほうがいい。ガソリンや整備や保険を合わせれば、三〇〇〇万円で買った車も、その後一〇年から二〇年で六〇〇〇万円にはなるでしょう。

万が一、排気口から水を垂らしていた車を買っていたらと思うと、ゾッとします。馴染みのないところから買うのは、かなりリスクがあるということですね。

お金をかけるのではなく、意識をかけるのがフランス人

自分がどんなモノを使っているのか、友人や取引先との雑談の中で自然に話題になることがあります。そういう時、「質のいいモノを長く使っている」とか「買った時の物語（ウンチク）がオモシロイ」ということが相手にどんな印象をもたらすか、ご想像いただけ

ると思います。

「いいモノ」には、使いながら付与される物語も増殖していきます。愛用するメガネでも、ネクタイでも、万年筆でも、腕時計でも同じでしょう。きちんと愛情を注ぐことで、モノは物語を紡ぐメディアになり、それが他者とのコミュニケーションに多大な影響を与えるのです。

フランスには「アール・ド・ヴィーヴル」という言葉があります。直訳すると「芸術的生活術」。日常生活にこそ、芸術性があるという哲学だと考えられます。

やさしく言えば、生活を自分の演出でいくらでも楽しくする方法のことです。だから、とても小さなことでも、自分で工夫することに心血を注ぎます。例えばテーブルクロス一つ、カーテン一つとっても、かなりじっくり、ああでもない、こうでもないと選び抜くのです。モノを選ぶのに、大変な愛情エネルギーを使っているから、一人ひとりの暮らしがきちんと演出される。

ここで重要なことは、彼らは決してお金をかけ放題にかけているわけではない、ということ。そうではなく、「意識」をかけるのです。

高くてブランドのついたものなら「いいモノ」だとは決して考えない。あくまで自分にとっての「いいモノ」を意識し、こだわります。だから、決める（買う）までに時間がかかる。

フランスの友人の家に招かれて行った時、リビングにテレビがあるなんてことはまずありませんでした。テレビは寝室で、朝のニュースと夜の映画を見るためにある。リビング・ダイニングというこだわりの場所に、テレビという無機質な物体は絶対に合わない。それよりお爺ちゃんの代から引き継いだアンティークのテーブルに合わせて、一つひとつ自分たちにとっての「いいモノ」を揃えていくのです。

日本は、こういう消費者を育ててきませんでした。「みんな一緒でいいじゃないか」「個人の人生とか難しいことを考えるのはよそうよ」「それよりモノが増えれば幸せでしょ」という発想で急激に経済を発展させてきた。

しかし、その日本ももはや成熟社会に踏み出しています。必要なのは、一人ひとりにとっての「いいモノ」を意識する力であり、見分ける鑑定眼でしょう。

そのためには、練習が必要になると思います。先に、一万円から一〇〇万円単位の買い物が日本人は得意ではない、と書きましたが、いきなりうまくなるはずはありません。だから、とりあえずブランド信仰に向かってしまうのでしょう。

子どもがまず一〇〇円単位のお金の使い方をマスターして、一〇〇〇円台のお金の使い方も上手になるように、一万円、五万円、一〇万円、三〇万円、一〇〇万円と少しずつ高いモノを買っていく練習をすればいいんです。練習量をこなさないと、なんでもうまくはなりませんから。

実際、数千万円の家を買う段になったら、いつもは気にしている数十万円単位のお金がかかるオプションが、どうでもよくなってしまう人はたくさんいます。

自分なりの「いいモノ」を手に入れる。それは自分なりの価値軸、鑑定眼、そして人生の哲学を、一歩一歩、確かめていく過程でもあります。自分の色が何色なのか、人生の本質は何か、何を幸せとして生きていくのか、その問いかけのプロセスそのものなのです。

だから、「いいモノ」を買う行為は、人に語れるストーリーであり、あなたという人を示すパーソナリティの一つになりえます。ブランドのような、できあいの「記号」を安易に買ってしまうのではなく、「自分というブランド」をこそプレゼンしてください。

その人の持つ「いいモノ」に、その人の美学が表れるのですから。

金言

どんなモノを使っているか、
その人の「いいモノ」は何かに、美学が表れる

第2章「サプライズ」を買う

サプライズが〝デパートの包み紙〟の時代は終わった

人に喜んでもらえるお金の使い方をする、誰かのためにお金を使うという行動が幸福感を生むことは、多くの人が知っています。

だから、プレゼントはうれしいものです。もらうほうだけではなく、あげるほうも幸せになれるのが、プレゼント。プレゼントは人を間違いなく幸せにします。

ところが、同じくらいのお金を使ってプレゼントしたのに、自分のではなく、他人（たとえば恋敵）からのプレゼントに相手がとても喜んだ……などということを聴かされると、すごく心が乱れます（笑）。そんな経験を持っている人は少なくないでしょう。いったい何が違ったのか。

それは「サプライズ」があったかなかったか、ではないかと思うのです。

実は、お金を使って贈る側にも同様の心理が働きます。サプライズのこもった贈り物をすると、自分もうれしい。なぜかと言えば、相手の喜ぶ顔が想像できるから。同じお金であっても、相手がアッと驚くような「サプライズを買う」ことができるかどうかで、幸せ感は大きく変わってきます。

私のまわりにいるコミュニケーションの達人たちは、誰かに何かをプレゼントするなんてことになると、意外性のある商品がありそうなところを、何日もかけてうろつくと言っています。

相手がサプライズするかどうか、周囲の友人がそのプレゼントを見てどんな顔をするのか、想像するだけで楽しいから、と。こういうサプライズな演出ができる人を、みな友達に持っておきたいと思うのではないでしょうか。

もう、〝とりあえずデパートの包み紙〟〝ブランドの紙袋〟という時代ではないのです。それでは、贈られるほうも、贈るほうもサプライズがない。無難かもしれないけれど、つまらない。だから、記憶に残らない。

せっかくですから、サプライズを買いましょう。

もとより、相手にサプライズしてもらうには、相手を知らなければなりません。相手の世界観の中で、果たしてどこを突くか。普段からのインタビューが欠かせませんよね。そして、ここで重要なキーワードになるのが、レア感です。

それこそ女子高生たちは、バレンタインデーになると、せっせと自作のチョコづくりに走るでしょう。自分で作ったものを贈るのは最高の贅沢であり、レアです。

例えば、友人の「還暦祝い」のプレゼントを贈るとしましょう。あなたなら、何を贈りますか？　還暦だから赤いチャンチャンコなんていうのはもうあまりに陳腐です。サプライズも感動もない。だいたいその日以外は着ることもないでしょう（笑）。花束やワインのプレゼントは、みんな持って来そうです。

そこでもし、友人の息子さんがテニスをやっていたりしたら、真っ赤なテニスラケットを贈ってしまう、なんていうのはどうでしょうか。

「あなたもテニスを始めましょう。さもないと息子さんとは会話がなくなりますよ。やがて生まれてくる孫とも、テニスで遊んでやれなくていいんですか？」というウィットに富んだメッセージを込めて。

また、旅行券を贈って、夫婦でたまには温泉にでも行ってください、なんて「体験」のプレゼントをする方法もあります。

温泉ではありきたりなので、とっておきの雲海や想い出の夜景が見られるところ、なんていうのもありかもしれません。

私は沖縄にハレー彗星の尻尾を見に行ったことがあります。ボワーッとしていて、言われれば明るいなというくらいのレベルだったのですが、「彗星のお尻をのぞいている感じ」というのは、レア感たっぷりの経験でした。

かけがえのない体験、今ここでしか味わえない体験にはインパクトがあります。

海外赴任者に、箱入り蕎麦二万円分を航空便で送ってあげる

そんなにお金をかけなくても、サプライズは演出できます。

こんなプレゼントをしたこともあります。学校関係の合同誕生日イベントでした。祝う相手は、栄養士の女性です。先生たちの申し合わせで、予算は一〇〇〇円以内。私が持っていた情報は、彼女が「果物好き」であることでした。

そこで、八百屋さんに行き、一〇〇〇円で最も量のある果物を包んでもらってプレゼントしました。他の人からのプレゼントと差別化するために、重量で印象を残したのです。

お金がかからず驚かれたプレゼントと言えば、大学時代にずっと乗っていた名車「いすゞ117クーペ」を、後輩にプレゼントしてしまったこともあります。実のところ、廃

車にするより、あげちゃったほうが安上がりだったりもします。でも、綺麗に乗っていれば、名車なら欲しい若者はたくさんいるでしょう。

タダであげたと言えば、うちの子三人ともが通算一〇年近く使っていた「滑り台付きの室内遊具」を、子育て中のお母さんに差し上げたこともあります。

こういうのは、ネットオークションで売ってしまってもいいのかもしれません。でも、息子や娘が小さい時に楽しんだという、こちらの物語を理解してくれた上でもらってくれる人が現れると、もっとうれしいものです。

そのお子さんが喜んで使ってくれている様子が写真で送られてきて、これまたうれしかったのを覚えています。

子どもへのプレゼントも、サプライズを考えたいもの。そうすれば、親として幸せ感が得られます。「〇〇ゲームがほしい」「××ソフトがほしい」といった子どもの要望を素直に聞いてプレゼントするのもありかもしれませんが、それでは感動はありません。親なら、もっと愛情を持ってプレゼントを考えるべきでしょう。

ちなみに私は、娘の一〇歳の誕生日に、とんでもないサプライズ・プレゼントをしました。一緒に長野県川上村の村長を訪ねて、天然記念物の川上犬の仔犬をもらってきてしまったのです。詳しい話は私のホームページ「よのなかnet」にありますが、いまは数百匹しかいない（売買していない）純粋日本犬です。もう一〇歳になりますが、この物語はその後大いに増殖していくことになりました。村長の飼っている雄と交配して三匹の仔犬が生まれ、川上村に返す前に和田中に連れて行って生徒たちと交流させたりして、数限りない〝中くらいの幸せ〟をもたらしてくれました（http://yononaka.net/happy）。

もし、お子さんがもう成長して仕事をしていたりしたら、ありきたりのプレゼントをあげても仕方がない気がします。

例えば、滅多に会えないようなビジネスパーソンと会食をセッティングしてあげる、なんていうのはどうでしょうか。あなたの知り合いでいいのです。

新築祝いや結婚祝いは、ちょっとだけひねったサプライズがいいと私は考えています。例えば、家の壁にかけられる品の良いリトグラフを数人共同で贈る、とか。ただし、なんと言ってもパートナーの方が気に入るものでなければいけませんから下見が必要です。目利きに頼まないとかえって失敗するケースがある、というリスクもあります。

でも、気の利いたコミュニケーションにはつねにリスクが伴いますし、失敗したら、それもものちには笑いぐさになるものです。失敗談も物語として語れますから。

結婚祝いで私自身がうれしかったのは、当時『ヤングジャンプ』の編集長を務めていた角南攻さんからもらったもの。意外や意外、アニメのキャラとはまったく関係のない、ただの丸形壁掛け時計。が、これはとても重宝しました。

壁掛け時計というのは、案外自分では買いに行かないものです。結婚して子どもが生まれて、ずっと家のリビングにあったものを、ロンドンにもパリにも持って行きました。ヘンにデザインされていないシンプルな壁掛け時計は飽きずに使えます。だから、いつまでも贈ってくれた人をよく覚えているものなのです。

自宅のみならず個人事務所を開設した友人などにも、ちゃんとした壁掛け時計はありがたがられます。若い人はみなケータイで時間を見るのかもしれませんが、家族や組織としての時間厳守は、壁掛け時計で守られるようなところがあるのです。

海外に赴任する家族にプレゼントするもので、意外に喜ばれるのが、日本の置き薬です。これは赴任した後、サプライズだったことに相手が気づくと思います。実際、重宝しますから。

私自身、経験があるのですが、ロンドンで医者に処方されて飲んだ風邪薬が強すぎて、全身にじんましんができてしまったことがあるのです。だから、日本製は海を渡ると一層ありがたいものです。ポピュラーな風邪薬や頭痛薬、酔い止めなどがベター。プレゼントした時には怪訝な顔をされるかもしれませんが（笑）。

あと、海外赴任者に受けるのが、乾麺の蕎麦です。ラーメンの味は海外でも少しはましになりましたが、うまい蕎麦屋はほとんどありません。家庭で食べられるとうれしいのです。それこそ、お餞別を二万円あげるより、赴任後半年くらいしてから箱入り蕎麦二万円分を航空便で送ってあげたりすると、かなりサプライズかもしれません。

頻繁なメールと常時のチャットは、実際に会った時の価値を下げる

プレゼントで重要なことは、買う時はきっちりお金をかけること、それから自分がいらないものは、プレゼントしないようにすることです。

それともう一つ、頻繁にプレゼントしない、ということ。

たまにお金持ち風の方が、やたら人にプレゼントするのを目にすることがありますが、けっして品のいいものではありません。どうも有名私立のお受験塾が、幼稚園の時から「お友だちのおうちに遊びに行く時には、必ず何かちょっとしたものをプレゼントとして持って行くのが礼儀です」などと教えているそうなのですが、これには首をかしげてしまう人も多いと思います。

また、LINEなどを使っての頻繁なメールと常時のチャットは「実際に会った時の価値を下げる」と言うと不思議に思うでしょうか。サプライズのないルーチンな関係には、人間はだんだん飽きてくるものなのです。子どもならまだしも、大人ならそれを認識して

おく必要があります。

しょっちゅうつながっていたいと思うのは、恐怖感があるから。孤独に対する恐怖と自分に対する自信のなさの表れです。頻繁なアクセスは、むしろ、あなたの価値を下げてしまうのだという認識が必要です。

大事なことは、数少ない出逢いの機会にいかにインパクトを出せるか、ということ。あなたの「情報編集力」を利かせたウィットが求められているのです。相手のキャラを読んで、しかもその時どきの旬のネタを入れて、ちょっとひねりを加える。

そのウィットが物語を生んでくれます。そうして生み出された物語がまた、お金を使ったあなたにも、幸せを運んでくれるのです。

金言

サプライズのない関係、ルーチンな関係には、人間はだんだん飽きてくる

第3章　「無名」を買う

自分の価値軸がないと、誰かの価値軸に頼るしかなくなる

私は、決して有名ブランドに恨みがあるわけではありません。しかし、どうして日本人がこれほどブランド好きなのか、どうにも不思議なのです。

ヨーロッパに暮らしてみて、一つわかったことがあります。本当に豊かな人は決して「いかにもリッチ」なお洒落はしない、ということ。けっこう普通の格好なんです。たとえば、ロンドンで出逢ったロスチャイルド家の当主もジーンズで働いていました。身ぎれいでパリッとしてはいますが、ギラギラとブランド物に身を包んだ人には、ビジネスの場でも出逢ったことがありません。問われているのは、持っているものや外見ではない。何が語れるか、ということだからでしょう。

ブランドを追いかけるのは、他人（ブランド会社）が長い時間かけて紡いだ物語を、ただ「消費」しているに過ぎません。いくらブランドを買ったところで、自分の物語は増殖しないのです。それこそ、友人の間でも「高かったでしょ」でおしまいでしょう。物語が生まれない「消費」をしても、次につながらない。

これでは、幸福感をもたらすお金の使い方にはならないと思います。

同じように、ミシュランお勧めのレストランを追いかけたり、人気店に並んだりして食べるのも、発展途上国型の流儀であることを認識しておく必要があります。自分の価値軸を持っていないから、誰かの価値軸に頼るしかない、という表明なのです。

大切なことは、自分自身で「格付け」すること。

本当は、まず、自分が作る、あるいは家族が作ってくれる料理が一番おいしいはずです。次は、おそらく近所にある家族経営の料理屋でしょう。たまに高級レストランで食べるのは、レシピを真似するための市場調査と割り切ればいい。私はそう思っています。

もとより、みなが追いかけるものは、成長社会の中で憧れを喚起されているもの。しかも、ステータスを感じるとか、セレブが持っているとかいったものは、けっこう高額のことが多いですよね。

需要と供給の関係は、あらゆるところで効いているからです。みなが欲しがれば価値は高騰し、あまり注目されなければ低くなる。それが資本主義のルールです。

需要があるのに、（限定品のように）供給が絞られているものなら高くても納得できますが、多くのブランド品は供給が豊富なのに高いままなのはおかしい。

端的に言うと、高値に留めるために猛烈な努力をしているわけです。それは、宣伝広告費であり、プロモーション費であり、お店の維持や販売のための人件費。買っている価格の大半が、そのブランド価値を維持するための費用に使われていると言っても過言ではないでしょう。ブランド腕時計の場合には、原価の一〇〇倍で売るケースもあるほどです。

断っておきますが、私はこれを非難しているのではありません。付加価値を高める企業努力は、もちろん評価すべきものですから。

ただし、メジャーなものを買うという行為は、そこに乗せられている目に見えないコストを認めることでもあるとわかっていることが大切だと思うのです。

この認識があれば、あえて「無名」を買う、という選択肢も出てきます。

違う言い方をすれば、マイナーから応援してメジャーになることを楽しむ。そうすれば、「無名」のタレント（アーティストでもアスリートでもパフォーマーでも）やメーカーとの絆が生まれます。

また、同じように「無名」をサポートしている人たちと、大きな夢を共有できる。なぜ、その「無名」のモノを持っているのか、語り合うこともできる。

これは「消費」ではありません。しかし、「投資」でもない。なぜなら、必ずしもお金のリターンを求めるわけではないからです。

この「消費」と「投資」の間のお金の使い方に、どうも幸せの秘密が潜んでいるように、私には思えてならないのです。

無名の作家の下書きや習作を、額に入れて飾る

と語っている私自身、実は苦い経験があります。有名なヒロ・ヤマガタのシルクスクリーン作品を集めまくった時代があったのです。二〇代後半のことです。

最初の一枚は「スカイサイクル」という作品でした。九〇万円。映画監督のスピルバーグが自宅のリビングに飾ったそうですよ、という一言で、私は狂ってしまいました。

その後、「野外音楽会」「泥棒」「ステンドグラススタジオ」と買い進み、画商の薦めに素直にしたがって、ティン・シャオ・クァンという台湾の作家の「母と子」シリーズ、ディズニーの背景画家だったアイバンド・アールの作品に進み、気が付いたら数百万円も使

っていました。

このあと、スペインの宮廷画家ホアキン・トレンツ・リャドの油絵の原画を八〇〇万円で買って、この中毒はひとまず打ち止めになりました。結婚直後に長男が生まれ、独身貴族時代の蓄えがすべてなくなってしまったからです（笑）。

後から考えれば、抜群のタイミングで降りてよかったと思っています。原画がもっと欲しくなれば、それこそ数千万円の単位の世界になり、世界の名画が欲しくなると億単位の世界。その後は美術館を建てるのが夢となって、数十億円から数百億円の世界につながっていくからです。

もちろん、世界の美術館が欲しがる評価の定まった名画ともなれば、バイオリンの名器と同じで、もう金融商品です。一点しかなければ、世界経済が拡大する限り値段は上がっていきます。したがって、評価の定まったものを買うのは、超のつくお金持ちに任せるほうがいい。

ピカソやゴッホ、現代アートで言えばアンディ・ウォーホールとか。日本画家では千住博さんあたりまでが世界的に評価の定まった作家。起業家として大成功した人たちに蒐集していただいて、美術館で観るのが一番でしょう。

メジャーではなくマイナーというのは、絵画で言えば、美術館が収集する作家以外の作品です。多少有名であったとしても、価値が上がることはないでしょう。しかし、自分の家の殺風景な壁を飾って心豊かになるには、作品は重要。それがたとえ、無名の作家の作品だったとしても、です。

そこで私がお勧めしているのが、画家でなくてもいいから、気に入ったイラストレーターやグラフィックデザイナー、写真家の原画や作品を、買うなりもらうなりして飾ることです。

ファッションデザイナーでも、カーデザイナーでもいい。みな絵心はあって、その下描きや習作を額に入れて飾ってあげれば、喜びこそすれ迷惑ではないはずです。

お金を払ったとしても、これなら単なる消費にはなりません。作家とのコミュニケーションだと考えればいいのです。作家との絆にお金を使う。一種のパトロナージュ、と表現してもいいでしょう。

もしかしたら、それが縁で作家と直接会ったり、食事をしながら会話を楽しんだりする場合もあるかもしれません。

マイナーから応援してメジャーにする、という幸せ

使ったお金の価値は、それが生み出す「物語」の総量で決まる、と私は思っています。それが三万円でも、三〇万円でも、三〇〇万円でも、使った人が受けとる価値というのは、じつは必ずしも金額に比例しないのです。これを買ったことで生み出される「物語」こそが、真の意味でのリターンです。

例えば、無名の作家の作品を家に飾っていたとする。たまたまやってきた人が、もし同じ作家の作品を同じように家に飾っている人であったとしたら……。

この物語の衝撃の大きさは、とてもお金には換えられないことはおわかりいただけるでしょう。むしろ、有名な作家の作品でないほうが、インパクトはより大きくなる。

こういうところに目を向けられるかどうかが、心の豊かさにつながっていくのだと思います。買った時点では、必ずしも価値を計算できない。むしろ、計算できないことがカッコいいのだし、面白い。

だからこそ、問われるのは、自分なりの価値軸であり、鑑定眼であり、相場観なんです。お金を少しずつ使っていくことで、練習を重ね、「これでいいんだ」と自分で納得できるだけの自信を持つことです。

誰がなんと言おうとこれでいいんだ、ということを確信していくためには、数をこなす

必要があります。数をこなさないで、ラクしてコツを身につけることは難しいですから。それこそヨーロッパの貴族たちだって、何代もかけて、そして幼い頃から、お金をいかに使うか、寄付するかという訓練をしてきているから、できるのです。

芸術作品に限りません。「無名」のものを楽しむ。そして安直なリターンを求めない。それが、より衝撃的な物語を楽しむための秘訣です。

「消費」でもなく「投資」でもないお金の使い方。「無名」を買う。マイナーから応援してメジャーにする。

大人気アイドルにも通じるところがありそうです。無名から掘り出す喜び。まだまったく無名だった頃、AKB48を発足当時から応援していた人たちは、今やさぞかし、溜飲を下げていることでしょう。無名の劇団の俳優やバンド、漫画家、小説家など、もっともっと掘り出していきましょう。

金言

「消費」でも「投資」でもないお金の使い方に幸せが詰まっている

第4章 「物語」を買う

会話の豊かさ＝人生の豊かさ、という公式

フランス人の「アール・ド・ヴィーヴル」については先にも紹介しました。どうして、それほどまでに、自分を取り巻くモノに意識を込めるのかと言えば、それがコミュニケーションにつながるから。誰かとの語らいの道具なのです。

会話を盛り上げるために、上質なインテリアがあり、ワインやコーヒーがあり、服装のコーディネートがあり、食事がある。

「アール・ド・ヴィーヴル」の基本は会話。その根底には、しょせんは理解し合えるはずのない他人同士が結びつくには会話しかない、という哲学があります。

それこそ「人生は会話だ」という考え方。そのセンスに芸術性を求めるのが、フランス

思います。

人なのです。これは、成熟社会に入った日本人も、おおいに真似していいのではないかと

会話の豊かさ＝人生の豊かさ。

もっと言えば、会話の豊かさが人生の豊かさを導き、それが幸福感につながっていくということ。

「会話が面白ければ、人生はハッピー」というのは、けっこう納得感があるのではないでしょうか。だから、できるだけ面白い人と一緒にいたい。面白い話ができる人と過ごしたい。話がつまらない人との時間は、なるべく早く切り上げたい。

会話は対人関係そのもの。会話が豊かな人は、人間関係が豊かな人です。

すなわち、会話の豊かさ＝人生の豊かさ＝幸せ感の増大、という公式が成り立つということ。

であれば、人生のどんな選択においても、のちの豊かな会話の話題につながるようなアクションを選ぶのが良い、ということになります。モノを買う時に、お金をかけるのではなく意識をかけるというのも、そういう意味なんです。

ヨーロッパの大金持ちの友人が、日本に旅行にやってきたことがありました。何をした

いかと聞いたら、返って来た答えは「北海道で熊に会いたい」、と。「最高の寿司を食いたい」でも、「京都のお茶屋さんで接待されたい」でもなく、ユニークですね。

結局、農家に泊まったりするレアなツアーに参加したようです。

そして東京に戻って来たわけですが、これに対抗するには、半端なことではだめだと私は思いました。そこでさる筋の友人に電話して、皇居にある徳川時代から続いている盆栽を見せてもらいました。これはインパクトがあったようです。

それから、自宅に食事に招きました。大金持ちを有名な高級レストランで接待してもしょうがないですから。日本の庶民の家で普通に食事をするなんて、そんなに経験したことはないはずだ、と。これもまた、とても喜んでくれました。

ただ、帰る段になって驚いたのは、タクシーを呼ぼうと言ったら、歩いて帰りたい、と言うのです。杉並の私の家から都心のホテルまでは、ちょっと乗り換えが複雑で説明するのが難しい。でも、街の様子を見ながら楽しんで帰りたい、と譲らない。なるほど、ぶらぶらと帰ることこそ彼らにとって贅沢なのだ、と私にもよくわかりました。

のちに、物語として語れるからです。

会話が豊かな人になるにはどうすればいいか。

物語が語れるようなお金の使い方を心掛けるということです。ストーリーが語れるお金の使い方。それが、面白い話を、豊かな会話を可能にする。多くの人に「懐かしい人」として迎えられる存在に、自分をつなげてくれるのです。

無名の高額な時計がなぜアッという間に売れてしまうのか

実際、多くの人が物語を求めているんだなと実感した経験を私は持っています。

私が「こんな時計がほしい」とプロデュースして作っている腕時計、「japan」シリーズの話です。

●「japan」シリーズ第1弾

私がプロデュースしているとはいえ、ブランド名がでかでかついているわけではありません し、雑誌に出ているわけでもない。まったく無名といっていい腕時計です。しかも、価格帯は二〇万円から三〇万円。

ところが、第一弾から第五弾まで、すべて完売してしまっています。一部、東急ハンズでも売っていますが、ほとんどがネットの通販です。

最初のころは一モデル二五個程度の生産だったのですが、いまでは一〇〇個くらい作ります。もちろん、私自身が知り合いに声をかけたりもしますが、八五個くらいはまったく私の知らない人が買ってくれていることになります。繰り返しますが、まったく無名の商品で何十万円もするのに、です。

改めて思ったのは、みんな物語を求めているんだ、ということでした。

「japan」シリーズにはブランドはありませんが、物語があります。

開発ストーリーを、ずっとインターネットに掲載しながら作っていくのです。たとえば、どのように日本の職人技術を結集するのか、その過程をレポートしています。

諏訪の時計師たちはもちろんですが、長野オリンピックの金メダルを彩った漆職人（英文小文字の「japan」は「漆」という意味）も登場します。最近のモデルでは、世界で初めて有田焼の白磁を文字盤に使っているので、四〇〇年続く窯元が制作チームに加わっている。これだけでも相当なインパクトがあるようです。

それぞれのシリーズにも、物語があります。たとえば第三弾の「japan311」は、東日本大震災の津波で流されたにもかかわらず、ボランティアによって奇跡的に掘り出された雄《お》勝《がっ》石を文字盤に使っています。東京駅の屋根材や硯に使われている、宮城県石巻市雄勝の名産品です。デザインにも、すべて意味を持たせています。中央にある青い渦巻き模様は津波。あの時止まった時を、再び動かしたいという願いを込めて作りました。

この時計は三〇〇個限定、三〇万円で売り出しましたが、うち一〇万円は「雄勝法印神楽」という六〇〇年続いた無形文化財を再興するために寄付しました。津波ですべての神社から流されてしまった和太鼓の購入費用として使ってもらったのです。時計購入者の支援によって、神楽が復活したわけです。

この時計を買った人は、こういう物語が語れる。どこに行っても語れる。聞いた友人も共感し称賛してくれるでしょう。リスペクトもされるはずです。

どこにもない物語、どこにもない時計なのです。だから意味を持ちます。おかげさまで「japan311」も、あっという間に完売しました。

こうして私が時計をプロデュースすることになったのは、本当に偶然からでした。発売前年まで校長先生をしていましたから、腕時計の製造販売なんて夢にも思っていませんでした。

製造元である時計企画室コスタンテ（長野県岡谷市）で、たまたまテニス用のカジュアルな時計を買ったのがキッカケ。その後、こんなふうにしたほうがいいのではないかと改善点をメールで送ってみたら、清水新六社長から丁寧な返事が来たのです。

会社は長野県の諏訪の近くにありましたが、ちょうど八ヶ岳に行く機会があったので夕食に誘ってみたら、来てくださった。コスタンテは、大学の記念ウォッチなどのOEM製作（他社ブランドの製品を製造すること）を主業務にしている会社でした。そこで私はこんなことを聞いてみたのです。

「清水さん、たった一個のOEM時計を私のためだけに作ることはできるんですか？」

オリジナル時計の製作の可能性を聞いてみたのです。実は当時、私は校長を退任する自分へのご褒美のために、四〇年ぶりにフォーマルな高級腕時計の購入を考えていました。ところが、自分が欲しいと思える時計が、どこにもなかった。スイスやフランスのブランド時計を買うのはカッコ悪いと考えていました。それこそヨーロッパに行った時、パリやスイスの友人から笑われてしまいますから。お前はいったい何人なのだ、と。

だから、日本の職人の技術の結晶で、デザインもシンプルで洗練された時計が欲しかったのです。日本人の誇りとなるような物語が語れる時計。ところが、どこを探しても見つからなかった。

この時、清水社長が即座に「ノー」と断るのではなく、「条件によっては可能ですよ。

どんなデザインの腕時計が欲しいんですか？」と柔らかアタマで返してくださったのが、「japan」シリーズ開発の縁につながることになりました。

第五弾「arita」、第六弾「arita ism」と来て、第七弾「arita-japan」は二〇一五年六月発売予定です。

すでに予約待ちのファンがつくほどの人気シリーズに育ったのです。

私にしてみれば、他人の物語を安易に買って消費するのではなく、自分の物語を創ったことになるわけですが、リスクを取って時計製作のプロデュースをするという、このアクション自体がのちに語れる物語になったのは言うまでもありません。

いつもと違った出会いを自分で演出してみる

つまらないお金の使い方をしない、というのは、ずっと考えてきたことです。また、人との絆につながること以外の使い方はしない、とは先に書いたことですが、こんなこともありました。

子どもの絵の展示会を東京・原宿のラフォーレ原宿で見る機会があり、ある子どもの絵画がとても印象的だったのです。私は思わず「売ってもらえないか」とお願いしてみました。そうしたら係の人が、絵を描いた子どもの母親に電話して聞いてみてくれた。なんと母親はその日、オーストラリアにいたのですがたまたま電話がつながり、私は直接話すことになりました。このイベントを主催していたのは「子供地球基金（KIDS EARTH FUND）」という団体で、母親はその代表者だったのです。

するとわかったのは、なんとその絵は「子供地球基金」のコンセプトである「子どもたちの絵で地球を塗り替えよう」に触発されて、代表者の幼稚園児の息子が描いた絵だったのです。「地球さん　誕生日　おめでとう」というメッセージが込められていて、これだけはお売りできないと断られました。

その女性、この団体の代表・鳥居晴美さんと会ったのは、彼女がオーストラリアから帰国してから。聞いてみると、同じ年生まれで星座も同じ、なんとなく感性も似通っているので意気投合し、それから「子供地球基金」を応援することになりました。以来もう二五年の付き合いになります（http://www.kidsearthfund.jp/ja/）。

ボスニア戦争直後にクロアチアに作ったキッズアースホームには、ロンドン駐在時に訪ねたりもしました。今は、この団体の顧問もしています。

人との出会いは、私にとってはすべて「一つの問いかけ」であり、物語なのです。

ただ単にお金を使うのではなく、リターンを求める投資をするのでもなく、自分と友人・知人との間の絆を太く、強くすることができるお金の使い方にこだわっていく。そうすれば、「物語」は生まれます。

そうして紡がれた物語を育て、さらにタテ糸、ヨコ糸、ナナメの糸と紡ぎ続けていくのが、人生というものだと私は考えています。そうすれば、その物語たちが会話を生みだし、豊かな人間関係につなげ、共感できるコミュニティを育ててくれる。

ただ金銭的に得をするから、とか、とりあえずステータスがありそうだからという物語のないお金の使い方では、人間関係が豊かになるわけがないのです。

住むところや日々使うものに対しても、「物語」を買う効果は、同じように利いてきます。

私は独身時代、晴海に住んでいましたが、そのアパートからは、銀座の街が一望できました。海と空と東京タワー、勝鬨《かちどき》橋と隅田川を行き交う船。それを見渡せるベランダに小さなバーを作り、私はお客さんを招いていました。洗濯物を干す物干を支える金具に、東急ハンズで買ってきた二メートルはある板を渡して、海に向かって開いたバーカウンターを仕立てたのです。ハイチェアも買ってきました。

当時、彼女だった現在の妻もこのバーの常連でした。そして、「かちどき美術館」というロゴを作って表札を掲げました。最高の作品は「ＴＯＫＩＯ」。勝鬨橋の向うに広がる築地や銀座の夜景です。

家を建てたり、改修したりする時も、一点豪華や一点突破で、どこかに「物語」を偲ばせましょう。

アイランド型キッチンに集中投下するのか、浴室のヒノキ風呂なのか、玄関ドアなのか。それが、「おぉ」というサプライズを生み、物語を生み出します。

私が現在住んでいる家の場合は、時間が経つほど、焼き物の味わいが出てくるトイレの洗面台がその一つです。トイレは毎日入るものですから、それこそ三六五日、一〇年「これはいい！」と頷ければ、三六五〇のハッピーのかけらをもらっていることになります。

高いものを買ってきたのではありません。直径四〇センチほどの厚手の焼き物を、陶器市で出会った作家に直接頼んだのです。価格は一万五〇〇〇円なり。穴を開け排水口を付ける加工賃を入れても、数万円でした（詳しくは藤原和博著『人生の教科書［家づくり］』ちくま文庫参照）。

いつもと違った出会いを自分で演出してみることです。デパートに陶器を見に行くのではなくて、東京ドームの陶器市に行ってみる。佐賀県有田町など、産地の陶器市まで足を伸ばしてみる。あるいは、気に入った作家の個展に顔を出す。

いいと思っても、そんなにすぐには作品を作ってくださいとは言えないかもしれません。

でも、何度も通っていれば、関係性は間違いなく変わります。数年で一〇回も通えば、作家も顔を覚えてくれて顔なじみになれる。せっかくだから、小さいものでも一つくらい使えるものを買ってみたらどうでしょう。

その上でなら、結婚式の引き出物を制作してくれませんかとか、新築の家に飾る作品を描いてくれませんかとか、頼む勇気が湧いてくると思います。

そうやって、自分にしか生み出せない物語を手に入れるのです。

金言

人に物語を語れるお金の使い方をすれば、面白い話ができる人になれる

第5章 「借金」を買う

新築マンションは、買ってハンコを押した瞬間に二割価格が下がる

「借金」を買うというのは、ようするに、借金を減らすことです。

できれば借金、とりわけ金利のつく金融機関からの借入金は早く返済してしまったほうがいい。その多くが住宅や不動産を購入するためだと思いますが、借金してまで住居を買う時代はもう終わっています。なぜなら、家はこれから余りますから。

たとえば、団塊ジュニアという年代層は、これからどんどん家を相続していくことになります。都内でもすでにかなりの空き家が出ているようですが、二〇二〇年以降、外国人が続々と日本にやってきて住むようになるということでもなければ、住宅は十分に足りてしまうのです。

●総住宅数、空き家数及び空き家率の推移
—— 全国（昭和38年〜平成25年）

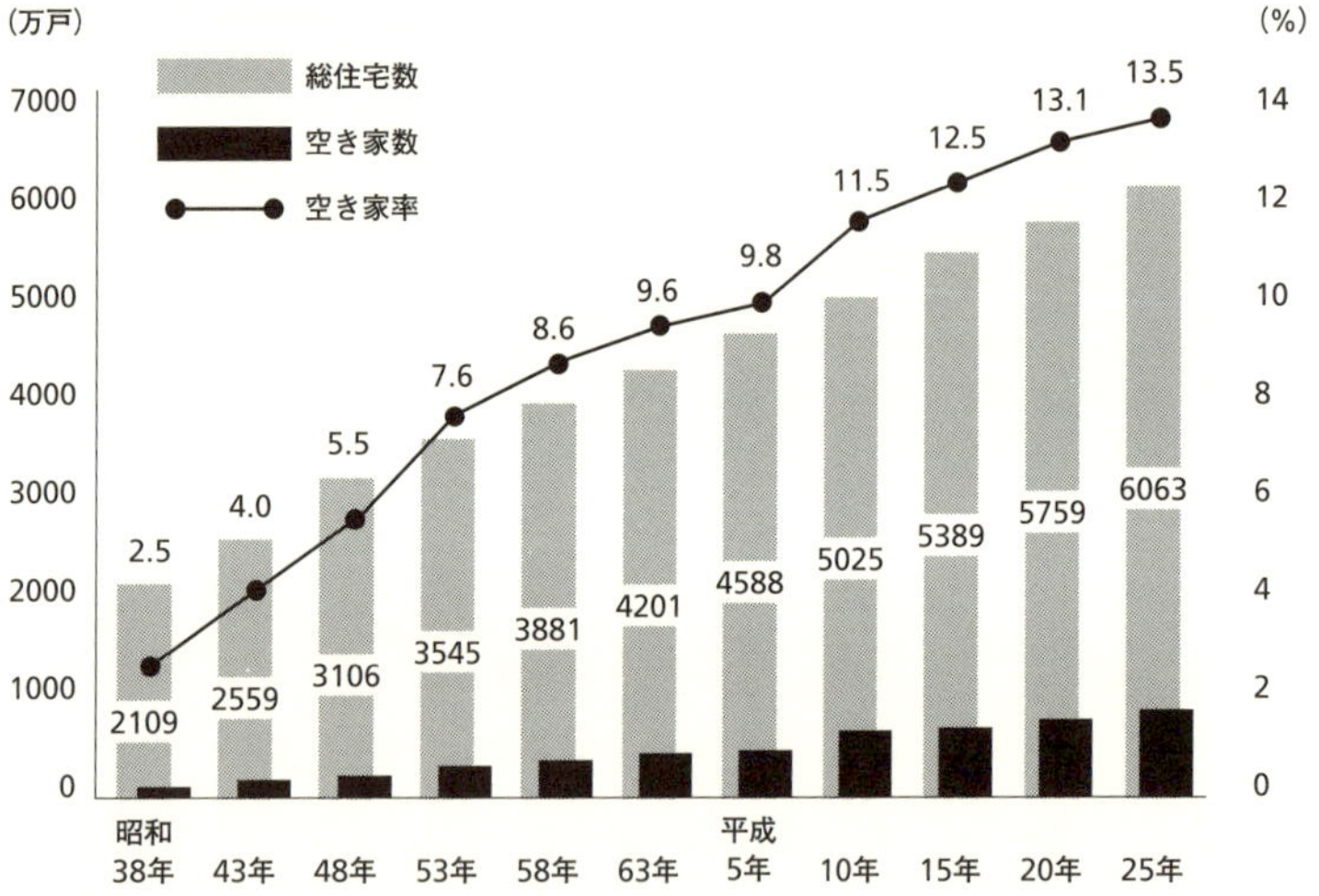

もちろん価格が上がる資産であれば、借金をしても持ったほうがいいかもしれません。しかし、そういう土地は誰もが憧れる超便利でステータスの高い土地、すなわち東京や京都の一部に限られるでしょう。

かつての高度成長期は、不動産は買えば必ず上がると言われていました。税金に取られるよりも、銀行から借金をしてでも不動産を持ち、人に貸して経費で落としながら資産を殖やしていく、という運用法がありました。

アマチュアが買う不動産もみな価値が上がりましたから、自分の資産を殖やすレバレッジとして不動産投資は正しかったのです。人々に幸せを与えもしました。

しかし、いまや不動産はプロ市場になっています。みな一様に資産価値が上がるという段階は過ぎ、プロの目でみなが欲しい物件かどうかを見極めないと、上がるどころか、買った翌日から資産が減ることになります。

ご存じの人は多いと思いますが、例えば、大規模開発された新築のマンションは、売り出すための宣伝費やモデルルームの建設費、パンフレットなどの制作費も、きちんとマンションの価格に上乗せされています。

そんな経費は一部で、土地代から比べたら大したことはないだろうと思われるかもしれませんが、豪華なパンフレットやモデルルームを作れば、億単位のお金が飛んでいくのです。

ですから、買ってハンコを押した瞬間に、一割、二割価格が下落するのは、ごく普通のこと。なぜなら、もともとその不動産の価値ではなく、経費分だったのですから。

人にお金を貸さない。求められたら、半分の金額をあげてしまう

すでに借金をして不動産を買っている人は、この現実をよく見極めて、どうしたらこの借金を早く返せるかを考えましょう。とくに、初期の返済を軽くして、その分長期間、六〇歳以上になっても返し続けるタイプのローンを組んでいる人もいると思います。物件価格が下がってしまって、家を手放しても借金が残る老人世帯のことが社会問題となっていますが、他人事ではありません。これから金利の上昇を含め、何が起きるかわからないですし、借金は減らしておくに越したことはないのです。

実際、私はかつての高金利時代に小さな一戸建てを買って、大変な思いをしたことがあります。借金は六〇〇〇万円。金利は、最初は五パーセント台でしたが、一時期は八パーセントにまで上がりました。そうなると、払っても払っても元金が減らないのです。こういうことが本当に起きるのだな、と驚怖しました。

そこで、恥を忍んで妻の両親に頭を下げ、なんとかお金をかき集めて銀行に全額返済したのです。そうすることで、いつまでも元金が減らない金利地獄から逃れることができました。

今は低金利ですから想像もつかないかもしれませんが、八パーセントとまではいかなくても、過去には四~五パーセントのローン金利が当たり前の時代があったのです。そうなったら、自分たちの借金はどうなってしまうのか、しっかりシミュレーションをしておいたほうがいい。そうして、できるだけ金融機関からの借金を減らすことです。

まだ借金をしていない人は、家賃が割高に思えても、賃貸住宅を借りていたほうが身軽です。リスクも小さいですしね。

もしお金に多少の余裕があるなら、賃貸なら所有する場合と比べて初期費用が小さいですから、家主と交渉してリノベーション（改修や改築）をし、好きな間取りやインテリアにして住むということもできるでしょう。

もう一つ、借金にからんだ話をしておきますね。

私は、人にはお金を貸さないと決めています。これは私のドクトリンです。かつて、お金を貸したはいいが結局返って来なくなってしまって、残念なことに、人間関係がこじれたケースがあったからです。

それでも、もし「貸して」と頼まれたら、それが本当に応援したい人物であり、かつ自分自身のテーマに即しているプロジェクトの担い手ならば、その半分を差し上げてしまうことにしています。しかも一回限りで。

これもまた、物語につながるお金の使い方になるのです。

金言

借金はなるべく早く返す。
マンションを買うのを夢としない

第6章 「体験」を買う

エジプトで凧揚げ。「レアな体験」は会話に使え、印象を残してくれる

何度でも繰り返しますが、人との絆を創り出すものは何かと言えば、SNSではなく、やはり生の会話です。

顔を合わせた時にどんな会話ができるか。相手にきちんと印象を残すことができるのか。これができなければ、あっさり忘れ去られてしまう可能性があります。「ああ、この人はこういう人なのか」ということがわかってもらえない、ということ。断っておきますが、ネット上のブログでもツイッターでも同じことです。ネタが陳腐なら、誰も振り向かないでしょう。

スルーされないために大事なことは、きちんと会話ができるだけの毎日を送っている必

要があるということ。

言い換えれば、きちんと「体験」を積んでおく、ということ。誰もがする体験では、誰も驚いてくれないし、心に残してはくれません。だから、面白い体験にこそお金をかける。これが意味を持ってくるのです。

極端な話をすれば、行動の選択肢が二つある時、どちらの選択をしたほうがより会話に使えるか、オモシロイ話題になるかで判断する。そんな感じです。

どちらがより「物語係数が高い」か、という判断基準です。

物語係数が高いお金の使い方のほうが、他者との関係を紡ぐ糸としての役割が期待できます。この糸が強いと、人間関係という資産を増殖できる絆になります。

ここでも、キーワードは「レアさ」です。限られているものにお金を使ったほうが、印象に残る。誰もが体験したことがあるものでは、面白みに欠けるでしょう。

だから「レアな体験」こそが、インパクトをもたらすのです。

例えば私は二〇代、三〇代と、いろいろな国を旅しました。

インドのタージマハルやブッダの史跡を訪ねる旅に始まり、エジプトのピラミッド、ペルーではインカのマチュピチュやナスカの地上絵、中国で万里の長城。

マニアな人たちが集う旅行会社を使ったりもしました。最初にインドに行った時には、とにかく強烈なインパクトがあった。街中で牛がのそのそと歩き（ちょうど東大寺の鹿のように）、人々が川で沐浴しているのを見て衝撃を受けました。

タージマハルは、下から見上げる人の視線を計算して、上に行くほど文字を大きく作ってある、と教えられたのもこの時です。もしかしたら、昔の人のほうが頭が良かったんじゃないか、人間の知能はあまり進化してないんじゃないか。そんなことが気になって、古代遺跡のあるエジプトとペルーにも行かなければ、と強く思うようになりました。

そしてインドから帰国すると、会話のネタに困らなかったことは言うまでもありません。

エジプトでは、映画『ナイル殺人事件』の撮影に使われた、プールサイドからピラミッドが見えるホテルに泊まりました。まずは気分を盛り上げたいので、現地の衣装を着たいとガイドにお願いして、仲間と揃いの衣装を買って練り歩きました。

ウケるかもと思って三味線を持っていき、それをジャカジャカ弾いていると現地の人がゾロゾロ寄って来るのです。ここぞとばかりに、大量に持ってきていたアルバイト雑誌のキャンペーン用に作った一〇〇円ライターを、「何かと交換しよう」と持ちかけました。おかげで、いろいろな面白いものが手に入りました。

エジプトでやってみたかったのは、もう一つ、凧揚げでした。ピラミッドの横で凧を揚げてみたい、と考えたのです。そこで、ゲイラカイトを持っていって、砂漠の上で本当に揚げてみました。

これには現地の人は本当に驚いたようです。ピラミッドの横に、なんだか角ばったものが揚がって、それを下からコントロールしている。エジプトには凧はないようで、見たことがないわけです。やがてラクダに乗った一群がやってきて、なんとラクダと凧を交換してくれと言うのです。

交換してもらってもラクダは持って帰れないので、そのラクダにメンバー全員を乗せてほしい、と申し出たら快諾でした。みんなタダでラクダに乗れたのです。

マチュピチュでも凧を揚げています。この時は、血相を変えて飛んできた警察官にゲイラカイトをあげました。逮捕されるのかとビビっていたら、小さな息子のためにこの凧がほしい、と言うのです。

こうしたレアな体験は、帰国してから多くの人を惹きつける会話のネタになります。また、その時の写真を、私は会社から取引先への年賀状にも使いました。のちに結婚式に招待したある企業の部長が「藤原さんの年賀状はとにかく面白くて、五年分とってある」という話をしていました。

ちなみに年賀状は出していますか？

つまらない年賀状を出しても意味がない。結局は今年一年、年賀状を出してみなさんに報告するほどの「レアな体験」をしたのかどうか、が問われるのだと思うのです。

ましてや、表の宛名書きも裏の挨拶も両方とも印刷で、プライベートなメッセージが一つも書き込まれていない年賀状では、返信する気も起きません。意識を向けていない年賀状。愛情もエネルギーも感じない年賀状。それなら、出さないほうが環境にとっていいのではないでしょうか。

それでは、絆を生み出す物語など作れるはずがないですから。

ともに仕事をした人は最強の「体験」共有者になりうる

記憶に残る「体験」や「物語」を誰かと共有する、ということも極めて重要なことです。そういう仲間とは、強い絆で結ばれることになる。

物語を共有した人とはつまり、脳がつながって同じ世界観を共有した人です。

二人の間に、コンピュータ用語でいう「共有のドメイン」ができるんですね。そうすると、あとになってお互いに「懐かしさ」を感じるものなんです。それは、「ランドセル」と聞いて、多くの人が懐かしさを共有できるのと同じ。共有の体験があるということは、必ずそこに懐かしがれる物語が生まれるからでしょう。

私の場合は、二〇代から徹底的にこの共有体験にお金を使ってきました。だから、絆が物語の糸で結ばれて、豊かに育まれた。

共通の敵と戦ったり、共通の目標を追ったり、一緒に仕事をした人の縁が最も強いのです。それはけっして、異業種交流会で名刺交換したり、人に紹介されて何度か飲んだり、カラオケで歌ったり、ゴルフに行った人ではありません。

ともに仕事をした人。これは最強の「体験」共有者になりうる。

だから、一つひとつの仕事を大切にしなければなりません。物語を紡ぐ工夫、相手に印象を残す工夫が必要になります。

一緒に仕事をした人と、できるだけ物語を紡ぐ。おかげで、これが積もり積もって、私には常に一五〇人くらいの助っ人が「チーム藤原」として背後をサポートしてくれています。さらに、その周りの専門分野に五〇〇人くらいのチームがいる。だから、たいていのビジョンが形になっていくのです。

ビジネスパーソンでも学校の先生でもそうですが、正直なところ、仕事を一緒にする他者に対して「仕掛け」が甘いな、と感じることが多い。

この仕事が終わっても相手が強烈に覚えているように、相手の脳のメモリーに残像が残るように、そんな仕事をしたいと思うのです。

だから、私は仕事を始める前に、相手の出身地やどのように育ったか、何に興味があって、どんな学びや遊びや仕事の仕方をしてきたのかをつっこんで聞きます。どんな家族がいて、どんなところに住んで、どんなプライベート生活をしているか、も。何を大事にしていて、今後はどんなふうになりたいのかを確かめたいからです。つまり、相手のバックグラウンドと人生に対するベクトルの向きですね。

あなたはどこから来て、どこへ行く旅人なのか、をまず初めに聞きたいんです。


私自身、四〇歳からインディペンデントで仕事をしてきて、多種多様な種類の人々、職人やプロ、時にアスリートやタレントやミュージシャンや専門家とプロジェクトを組んできたからかもしれません。みなバラバラだとベクトル合わせに苦労しますから、個人的な質問を連発して共通点を見つけ、それから仕事をしたほうが、うまくいくのです。

相手に印象を残すということは、自分の痕跡を刻みつけていくということ。人生を彫刻にたとえれば、魂を刻みつけていく行為です。

仕事人の多くが、処理業務に追われ、仕事を流してしまっていて、組んだ相手に印象を残し切れていない。これはせっかくの機会なのに、もったいないことです。

それから、三〇代の私がよくやっていたのは、人と人とを巡り合わせること。

この「つなげる力」は、たくさんの付加価値を生みました。出会ったお互いが、ありがたがってくれたからです。

例えば、顧問弁護士として知り合ったＴＭＩ総合法律事務所の田中克郎代表とロゴのデザイナーだったり、ブックオフの創業間もない坂本孝社長とリクルートの若手だったり、コミックエッセイの漫画家とプロデューサーだったり、博報堂時代の中谷彰宏さんと編集者だったり、やがて一部上場する乾物屋の社長だったり……。

ほぼ毎日、様々な分野の人々を呼び出しては、紹介し合っていました。出会いをきっかけに仕事が生まれると、そこに記憶に残る共有体験が残せます。その物語の中に、私も両者をくっつけた張本人として加わることになるわけです。

様々な人を紹介することにお金を使って「共有体験」をつくり出すと、感謝される。同時に、物語が増殖することにもなるのです。

挫折、失敗、病気のマイナスモードも強烈な「体験」

これは後に詳しく書きますが、私がこの数年、最も時間を費やし、そこから多くのコミュニティが生まれているのが、校長を退任してから始めたテニスです。

現在は、「大正セントラル」というテニスクラブを中心に、五つくらいのテニスのサブ・コミュニティがあるのですが、「大正セントラル」は銀座・吉井画廊の吉井篤志社長が法人会員なのでご一緒しています。そうした縁が出来たのは、パリ時代にお父さんの吉井長三さんと仲良くなったからでした。

革命記念日にシャンゼリゼ通りでいつものパレードがあり、私は東京から来た仲間と祝杯をあげる予定でしたので、吉井長三さんに加わりませんかとお誘いしたのです。長三さんはパリでは有名人ですので、大統領からコンコルド広場に席を用意してもらっていたようなのですが、VIP席などつまらないからと、私たちのところに寄ってくれたのです。

私は、当時借りていたシャンゼリゼの事務所の二階で飲みながら一緒にパレードを見学することを提案しました。ちょうど一階がバーガーキングの店で、その屋根になっている場所をテラスに見たてて、テーブルと椅子を出し、四〜五人で酒盛りをしたわけです。「こんなことをする人間はいない」と面白がってくれて、ドンペリを持ってかけつけてくれました。

実は、その時、周りのフランス人から「そんなことしちゃダメだ」と何度も注意されたようです。でも、私には難しいフランス語はわからない。フランス語がわかる長三さんも聞こえないふりをしていたようです（笑）。そう言えば、パリの市長や大統領が目の前を通る時、ビルの屋上に銃を持った警備の警察官がいるのが見えた気もします。

この長三さんから息子さんの篤志社長につながる縁も、一つひとつのプロセスを大事にしたから。それと、いかに相手を驚かせるか、相手の予想を上回るか、喜んでもらうか、それを考え続けたからできたのだと思います。のちにお孫さんを和田中に預かる縁にもつながりました。

出会いにサプライズを与えることが、つながりを増殖させる。


リクルートという会社は平均年齢が若かったこともあり、私は二七歳でマネジャーになりました。それからも偉くはなるわ、年収は上がるわ、で順風満帆だったのですが、仕事のやりすぎで、三〇歳の時メニエール症を発症してしまいます。営業部長だった時です。以降は、会食を中座して家に帰ってしまうことが増えました。

お金の使い方について考えるようになったのも、三〇代になってからかもしれません。

お金がなければ、なかなか「体験」や「物語」は紡げないと考えている人も少なくないかもしれませんが、物語はなにも成功談ばかりである必要はありません。

挫折、失敗、病気など、マイナスモードの話もこれまた強烈なインパクトをもって、記憶してもらえるものです。

それこそ誰にとっても二〇代は失敗のオンパレードだったはずです。それを面白おかしく話せるようにしておくことです。電車のドアにはさまれちゃった、パンツのチャックがあいたままプレゼンしていた、みんなの前でひどいふられ方をした……。また、学生の頃の挫折や病気、入院した話なども印象深く残るものです。海外に出れば、みんな恥をかくもの。それも貴重なエピソードです。学校や会社で経験したいじめやパワハラの物語でもいいと思います。とにかく物語を貯金のように蓄積していくのが人生だと考えましょう。

いかにビンボーに生き抜いたか、一日いくらで暮らした、というような物語も売れます。失敗は最高のネタ。それこそ、お金がないならまず失敗することから始めようと、私は若い人にはメッセージを送っています。

それが、強烈にあなたの印象を残すからです。

金言

迷った時は、後からより語れるほうの体験を選ぶ。失敗や挫折をしても元はとれるから

第7章「仕事」を買う

給料が下がる仕事を買う。それが、人々を味方に付ける「物語」を生む

まず認識しておくべきだと思うのは、自分を出世させるためにお金を使うのは、もうそろそろどうなのだろう、という観点です。もちろん、スキルをアップするための投資は必要だと思います。それは、後々、幸せに近づくための方法論の一つでしょう。

しかし、会社員の場合は、それだけに限りません。「昇進を買う」というとちょっと言い過ぎかもしれませんが、大ヒットしたドラマ「半沢直樹」の例を見るまでもなく、昇進を買おうとする会社員は少なくありません。派閥を形成し、それを維持するために多大な投資を行っているわけですが、果たしてそれは幸せをもたらすのでしょうか。

単純に上司をレストランで接待しましたという例はあまりないでしょうが、大変な時間

を費やして、好きでもないお酒に付き合ったり、カラオケで下手な歌を褒めたたえたり。休日に車で送り迎えをしてまでゴルフに付き合ったりする状況もあると思います。

しかし、その結果として手に入れた昇進は、果たして幸せに通じるのか。もしかすると、部下として自分がさせられたことを、今度は上司として部下にさせる「倍返し！」（笑）くらいしかないのではないか。

次の章で扱う「時間」に関わる最大の問題ですが、そうした余計な「仕事」にどのくらいの時間を投資するつもりか。会社では、どんな幸せを手に入れたいのかを含めて、そこはしっかり考えておかなければいけないところです。

さて、みなさんは「仕事を買う」といったら、どんなことをイメージするでしょうか？派遣会社に登録料を払うこと？　仕事の斡旋業者に有料で仕事を回してもらうこと？　それとも、ヘッドハンターにお金を支払って自分を競合会社に高く売り込むこと？

いや、違います。ここで私が提案したいのは、高い給料の仕事を買うことではありません。むしろ、その逆なのです。

思い切って「給料ダウン」を買う、ということなのです。誤解されやすいと思うので、ちょっと説明させて下さい。

ほとんどの人が、普通は自分をより高く売り込みたい、給料が少しでも高い会社で働きたい、早く認めてもらって昇進・昇給したいと考えていると思います。

「給料ダウン」を買うというのは、その逆張りです。

例えば、典型的なのは、ベンチャーやまだ評価の定まっていない中小、中堅企業に入社して働くということ。大手の上場企業や地方の優良企業、官僚や市役所の公務員に十分なれる力があっても、です。一〇〇億円前後の企業で需要が伸びる会社、国内だけでやっていたが海外に市場を拡大できる会社、古い会社だけれど面白い視点でリノベーションしている会社に身を投じて働くということ。安定や保障とは縁遠くなりますから、リスクを取ることになりますよね。

私自身、ほぼ四〇年前にリクルートという会社に入社したことが、結果的には、中くらいの幸せ感を持続的に自分にもたらすことになったと思っています。

今やグループで一兆円の売り上げを持つ一部上場企業ですが、私が入社した当時は年商一〇〇億円から一五〇億円を狙っていたタイミングで、まだまだ危ない会社でした。実際、入社後にも二度ほどつぶれそうな危機がありました。

一つ目の危機は、百数十億円で本社を建て、西新橋から銀座に移った時期。オーナー社長が夜、社長室のある最上階から階段を使って各階の電気を消しながら降りていったのを覚えています。

もう一つの危機は、不動産と金融で一兆数千億円の借金を背負った時。ダイエーグループへの吸収劇のあった一九九三年のことです。

リクルートと言えば「リクルート事件」を思い出す人もいるかもしれませんが、事件で大騒ぎになり、散々のバッシングを受けた一九八九年から翌年にかけて、むしろ社員の発奮でリクルートの業績は決算数字が跳ね上がっています。

いずれにしても、こうした「体験」に裏打ちされた「物語」が語れるのも、リクルートという、当時は大きなリスクのあった会社に参戦したおかげ。「物語」が絆を生み出し、人をつなげる糸の役割を果たすのです。

ベンチャーやまだ評価の定まっていない中小、中堅企業で、会社を創業したオーナー経営者とともに擬似起業家として仕事をすることで、組織の力に翻弄されるのではない働き方ができるはずです。より納得感が高まるでしょうし、うまくいけば、(リクルートが上場したように)経済的に大きなメリットを得られるかもしれません。仮に失敗しても、自分もコミットしてがんばった結果ですから、納得がいくでしょう。

リクルート事件のあと、私は関連会社である「メディアファクトリー」という出版社の創業にかかわりました。その際、必要に迫られてですが、年に一〇〇冊以上読書する習慣がつきました。さらに、四〇代以降はテーマを持った仕事がしたい、と三七歳で四歳の子どもを連れてロンドンに移住（妻のお腹には臨月の赤ちゃんがいました）。その後、パリを含めて二年四カ月、ヨーロッパで生活しました。

会社に認められなくても、自費で行く気でした。ところが、「藤原もけっして金持ちじゃないんだから、留学扱いで行かせてやろう」という、位田尚隆社長（当時／私の最初の担当取締役で通信事業でともに闘った上司）の一言で、会社もヨーロッパ行きに共同出資してくれることに。

そんなむちゃくちゃな海外行きを許してくれたのも、リクルートという選択だったからこそ、できたことです。

どちらを選べば、友人や周囲の人がより面白がってくれるか

四〇歳で会社を辞めてインディペンデントで働くことを決めたのも、「仕事」を買うという選択でした。

当時、私の子どもは六歳、二歳、〇歳。さすがに周囲からは驚かれましたが、それだけに応援もあった。大きなリスクを冒したからこそ、多くの人との出会いも生まれたのです。

ちなみに、会社を辞めるという勝負をする前に、先にも触れた、六〇〇〇万円も借りて

いた会社の提携住宅ローンを身内から借金して借り換え、全額返済しています。バブルを抑える国の方針で一時金利が八パーセントを超え、元金がまったく減っていなかったことに怒ったからです。

四七歳で、民間人として初めて公立中学校「杉並区立和田中学校」の校長になったのも「仕事」を買ったといえるでしょう。

これは、ベンチャーや評価の定まっていない中小・中堅企業に入社して働くこと以上に危険な賭けでした。自分が通用するかどうかもわからない。リクルートとはまったく正反対のカルチャーと思われる義務教育の現場だったのですから。

しかし、だからこそ、大きなリターンを得られたのだと思っています。

ここでも、どっちに行くと人との絆がより深まっていくか、どちらを選べば友人や周囲の人がより面白がってくれるのか、それだけを考えました。

一見不可能に見えても、面白くなるほうへ、友人を興奮させるほうへ、寄ってたかって応援団が押し寄せてくれるほうへと、人生の流れを作ってきたのです。

その流れの中で、校長退任後の二〇〇八年春には、突然、橋下徹大阪府知事（当時）から助けてほしいと要請があり、府知事特別顧問として大阪府下の児童生徒の学力アップのために、三年間、お手伝いすることになりました。

和田中で蓄積したノウハウが、大阪という異文化の地で通用するかどうかの試金石だと思ったから引き受けたのです。だから、引き受ける条件は「無報酬でやります」でした。報酬をもらってしまうと、橋下さんの部下になってしまう。それでは、大阪の教育現場の人たちに納得してもらえません。時に知事に楯突いても、自分はあくまで「大阪の子どもたちの未来を拓くためにやる」つもりでした。

これもまた、そのための「仕事」を買う、でした。結果的に、無報酬でやったのは良かったと思います。

これからが楽しみなベンチャーや中堅・中小という民間企業だけでなく、NPOやNGOのような公的機関や社会起業家が立ち上げた組織に身を投じる、という方法もあると思います。

こういうケースでは、間違いなく収入は下がることになるでしょう。

それをあえてやる、というお金の「使い方」がある。ぜひ知っておいてほしいのです。

もちろん、年収は二分の一、三分の一になってしまうかもしれません。

でも、言葉を換えれば「損して得取る」生き方です。生き様を見せるお金の使い方、といってもいいかもしれない。

自分を高く売り込むのではなくて、逆に「自分を安売り」して仕事を取りにいくということ。その分野が初めてだったら、一種の研究活動ですから、研修を受けにいくようなものでしょう。まだ自分にはないノウハウを蓄積しに行くわけですから、こちらがお金を払うのは当然です。

だから、「仕事を買う」という表現になるわけです。

私自身、民間校長職に就いた時、収入は大幅に減りました。三分の一くらいになった。しかし、結果的にまったく新しいキャリアを手にすることができた。ノンプロフィット組織のマネジメント技術が、他にない形で磨かれることになったからです。

二〇代で磨いた営業とプレゼン技術、三〇代で磨いたマネジメント技術。これらが教育現場でも通用することを証明できたことで、その後は逆に、校長に就く前以上に収入が増えていきました。

報酬は一度下がるけれど、「後ろの扉を閉めなければ前の扉が開かない」ことはよくあることです。自分を安売りし、リスクを取って新しい技術を身につけてしまったおかげで、むしろ、その後に収入が増えることも十分に起こりうるのです。

「賭けて張った」から、ジリ貧にならない未来を手に入れられた

収入は三分の一になったけれど、仕事を取りにいった。そのおかげで、校長在任の五年

で大きなものを得ました。和田中は後に杉並区最大の中学校になり、成績も二三校中二一位前後に沈んでいたのがトップになるという成果も出せました。

何より、子どもたちからもらったエネルギーが大きかった。ビジネスパーソンをやっていたら不規則だった食事も、毎日の規則正しい給食の検食（校長だけが先に毒味をする習慣）で栄養バランス満点。そしてつかんだ教育現場でのマネジメント術。

こうした経験をもとに、私はいま、全国の校長先生たちの先生として、つくばの教員研修センターや自治体の教育委員会で創造的学校マネジメントの方法を教えてもいます。いわば、「校長の校長先生」ですね。

かなり、レアな存在になれたわけです。

リクルートで、営業とプレゼンの技術を習得するのに一万時間、マネジメント術を習得するのに一万時間、合わせて二〇代から三〇代の一〇年以上を費やしたと思います。その技術をベースに四〇歳で独立したわけですが、そのままであれば、五〇代以降、私の価値は減少していったでしょう。

なぜなら、リクルート流の営業やプレゼン、マネジメントができる四〇代以降の人材は、私の後にも続々と出てくるからです。後輩たちが独立しますから。

しかもそこに、若手であれば高度なＩＴ技術も持ち合わせてくるでしょうから、私の相対的価値は逓減していってもおかしくありません。市場価値が下がるということは、同じことをやっていても、どんどん仕事が来なくなったり、収入が減ったりすることを意味します。

ところが私は、教育現場という、リクルートから最も遠いところに「賭けて張った」ために、逆に掛け合わせの価値が二倍、三倍になった。当初の報酬は三分の一になったけれども、です。

その間に紡がれた物語の数々は、とうてい描ききれないほど豊かなものでした。それらはすべて、のちに物語れる資産になり、その後に出逢う人々との絆を結ぶ糸になっています。

ゲスト・ティーチャーとして和田中に来てくれた作家の林真理子さんは、生徒たちの合唱を音楽室で聴いて涙を流されました。文庫版『エイジ』の表紙写真の撮影場所として和田中の体育館を提供したおかげで、作家の重松清さんの文庫の解説を書かせてもらいました。谷川俊太郎・賢作さん親子には、新しい校歌をつくろうという授業をしてもらい、親子の半分けんか腰で、しかも微笑ましいクリエイティブの現場を垣間見させてもらいました。何百もの講演の依頼があったでしょうに、駆けつけて下さったノーベル物理学賞受賞直後の小柴昌俊さんには、給食後に校長室で生徒と交流していただきました。「ぼくは理科が嫌いなんですが、どうしたら好きになるでしょう?」と冷や汗ものの質問を投げかけた生徒に、やさしく答える先生の笑顔が忘れられません。

こうした数えられないほどの「物語」も、エイヤッと清水の舞台から飛び降りて校長先生になったから、手に入れることができたのです。実のところ、私は、入学式での校長就任の挨拶で、本当はぶるぶると震えていたのですから。

潰れるかもしれない会社に身を投じたことも、ヨーロッパに旅立ったこともそうでしたし、子連れで会社を辞めインディペンデントになったことも、校長になったこともそうだった。収入やら、社会的地位やら、安定やら、そういうものにとらわれていたら、決して手に入れることができない経験と物語を得られたと思っています。そうした人生には、語れる物語が増殖します。

そして、無謀なチャレンジであればあるほど、応援してくれる人が必ず現れる。

一時的に収入を下げ「仕事」を買う行為は、未来を買うことでもあるのです。

金言

「給料を減らす」というお金の使い方で、新しい未来を手に入れる

第8章 「時間」を買う

自分の「時給」と外注サービスに支払うお金を天秤にかける

お金で買える中くらいの幸せの中で、最も注目してほしいと私が思っているのが、実はこれ。

「時間」を買う、です。

そろそろ「モノ」ではなく、「時間」を上手に買う時代が来ているのです。

この考え方ができるかどうかは、間違いなく、あなたの幸福感を増大させる鍵になります。そしてあなた自身の価値を増大させる、という意味でも。

「時間」の買い物上手になれれば、パラダイムシフトが自分の中で起きますよ。

ところが、多くの人が、この幸せなお金の使い方にあまり気づいていません。そして

「時間を買う」ことで、どれほど豊かな「自分の時間」を手に入れることができるのか、あまりに知られていないのです。

なぜか？

まずは、慣れていないということ。そしてもう一つが「時間とお金の関係」がまだ多くの人に理解されていないこともあるでしょう。

どうして私が「時間」を買うことを躊躇なくできるか。それは、「時間とお金の関係」の重要性に、気が付くことができたからなのです。

これから「時間とお金の関係」について解説していきますが、その前に一つ例を示したほうが頭に入りやすいでしょうから、また、和田中の校長時代のケースを挙げますね。

校長時代、私は朝はバスで通っていましたが、クラブ活動を三つもハシゴしたりして帰りが夜になってしまうような時には、タクシーを使いました。自宅までの金額は一二〇〇円くらいです。もちろん、教育委員会は交通費としてバス代しか払ってくれませんから、すべて自腹になります。

通勤にタクシーを使うなんて、と思われるかもしれませんが、それには理由がありました。

夜は、なかなかバスがやってこないのです。待ち時間が長過ぎるということ。バスに乗って帰れば安く済みますが、それは時間という犠牲を伴うわけです。では、その時間の犠牲は果たして自分に見合うものなのかどうか。私は見合わないと判断した。だから、タクシーを使うことにしたのです。

この時の発想のベースになったのが、自分の時給（一時間あたりに生み出す付加価値の量をお金に換算した金額）を算定することでした。

タクシーに限らず、もし、外注サービスに支払うお金が、それ以上だったら高いということになります。しかし、それ以下なら外注すれば、自分がクリエイティブになれる時間、もっと言えば幸せ感を享受できる時間（たとえば読書の時間、家族と過ごす時間など）を増やすことができるのです。

例えば、年収四〇〇〇万円のビジネスパーソンが年間労働時間二〇〇〇時間働いている場合、時給は二〇〇〇〇円です。

年間労働時間とは、一日八時間働く人は、八時間×週五日＝四〇時間／週ですから、一年間が五〇週間だとすれば、二〇〇〇時間になります。ワークライフバランスを重視して優雅に働く人なら一六〇〇時間くらいかもしれません。

一方で、管理職やハードワーカーの年間総労働時間は、二四〇〇時間から三〇〇〇時間にも達します。自営業者であれば、朝から晩まで休みなく働いて一日一〇時間×三〇〇日で三〇〇〇時間。四〇〇〇時間近い人もいるかもしれません。

校長の年収は当時五〇歳前後で一〇〇〇万円台でした。一日八時間勤務ということはありませんから、一〇時間として学校勤務が平日二〇〇日で二〇〇〇時間。それに休日出勤があり二五〇〇時間としたら、一〇〇〇万円÷二五〇〇時間＝四〇〇〇円で、私の校長としての時給は四〇〇〇円ということになりますよね。

タクシーに乗って帰った場合、完全に自腹です。しかし一日の貴重な時間のうち三〇分をセーブできれば、一時間四〇〇〇円で働いている校長にとっては、二〇〇〇円をタクシー代に使っても十分に釣り合うことになります。一二〇〇円なら、むしろ安いものなのです。

しかも、すぐ来るバスで帰ったとしても、夜間にバスに乗っている二〇〜三〇分は読書もできない。バスで下を向いて何かをやると酔ってしまいますから（笑）。

いつも「忙しくて時間がない」という人は、時間が買えていない

つまり、時給四〇〇〇円の人は、一時間四〇〇〇円稼ぐことができるわけですから、一時間を四〇〇〇円で買ってよい、ということだと私は考えるわけです。

例えば、家の掃除を家事代行サービス業者に任せるケースを考えてみましょう。

東京での相場は、二時間五〇〇〇円、三時間七五〇〇円くらいだと思います。もちろん、レベルにもよるのですが。

あなたが自分の家を掃除するのに三時間かかる人だったとします。全部の部屋に掃除機をかけ、床を拭き、トイレや洗面・バスルームを磨き、ガラスも新聞紙で擦るようにして綺麗にすることに、です。

三時間かかるのであれば、自分でやれば、自分の時給四〇〇〇円×三時間＝一万二〇〇〇円の価値があることになります。であれば、一日で一万二〇〇〇円払っても、外の業者に依頼する合理性が生まれます。

しかも、彼らのほうが仕事が速くて確実。同じ三時間で仕上げてくれるなら、喜んで七、八〇〇〇円を払ってもかまわないでしょう。

まずは、自分の「時給」を求めるところから始めてみてほしいのです。年収を年間総労働時間で割れば計算できますから。

年間総労働時間を正確に把握している人は少ないでしょう。でしたら、前述の標準的なケースに則って、ざっくりと自分は年間にどれほどの時間働いているかなあと想像してみてください。ざっとでいいんです。

自分の時給よりも安く、やらなければいけない仕事を外注できるなら、まさに「時間を買っている」ことと同じです。

逆に言えば、これをやらないから、いつもいつも「忙しくて時間がない」「幸せを実感する暇も余裕もない」「お金はあるんだけど……」ということになってしまうのです。

時間にゆとりがある人は「時間を買う」ことを遠慮なくやっています。

時間は誰にも平等で、かけがえのないもの。「タイム・イズ・マネー」という言葉もありますが、まさにお金と匹敵する価値あるもの。その大切な時間を、お金で手に入れることができることに、どうも日本人はまだまだ慣れていないようです。

時間を買っても、何にその時間を使ったらいいかわからない、という人は、まずは「読書」の時間に充てればいいでしょう。

教養を磨く、地域社会に貢献する、カラダを丈夫にするための時間にするのもいい。あるいは親孝行や子どものための時間でもいいし、夫婦の時間に充てることもできるでしょう。そして何より、絆を作るための時間に充てるのです。人に会う、仲間と集う、趣味やスポーツを一緒に楽しむ……。

そうは言っても、「お金を払って時間を買うなんて」と戸惑っちゃう人も多いかもしれません。しかし、すでにもう、あなたはやっているんですよ。

多かれ少なかれ、一部の家庭での仕事をアウトソースしているはずです。まずは、それに気づいてほしいと思うのです。

例えば、クリーニング。毎日の分を土曜日に一気に出すと、ワイシャツなら翌週ピシっとのり付けして仕上げてくれる。これを自分で洗濯してアイロンがけしていたら大変な時間がかかります。やっていませんか？　あるいは外食やコンビニ。出来合いのものやレトルトを便利に買って食べているでしょう。これだって、立派な時間買いです。

もうすでにやっているんです。それを、お金に余裕があるならもっと増やせばいい、というだけの話。掃除は、もっともわかりやすい選択でしょう。お掃除ロボもいますし、他にもいろいろあると思います。

あなたなら、何を外注して時間を買えるか、一度じっくり考えてみてください。

何を外注して、何を自分でやるのか。

そこにこそ人生の美学が表れるんです。クリーニングもそうですし、掃除もそう。お願いしてみたら、こんなに余裕ができるのかと感心するかもしれません。プロに委ねれば、自分の時間にゆとりができる。

そう考えると、何でも自分でやろうとして時間貧乏になるということこそ、最も避けないといけないことです。

会社もいろいろ事業を多角化したり、なんでも拡張、膨張する時代は終わりました。リストラをして、自分の事業の価値を見極め、コア・コンピテンス（得意な事業分野）に集中しているはずです。そういう会社が生き残っているし、良い会社といえるでしょう。

個人も同じ。枝葉を切って（リストラして）、自分が本当に縁を感じ、絆を深めたい分野（コア／得手や興味関心領域）に自分の時間を集中すべきなんですね。

そうすれば、このコアのまわりに絆ができ、物語が生まれますから。

プロフェッショナルをお金でうまく使う、という発想

仕事をプロに外注することに日本人が慣れていないのは、日々の仕事だけではありません。

例えば家を買う時、建てる時、車を買う時、イベントをする時、ファッションのコーディネートをする時……。プロとしてのアドバイスをきちっとしてくれるコンサルタントやアドバイザー、コンシェルジュに対価を支払う、ということに慣れていませんよね。

メーカーや販売店の多くがコンサルティング営業と称して、お客さんを囲い込むために、そうしたアドバイスを無料提供していることも原因の一つでしょう。結局、自社商品を売

り込むためなので、他社との冷静な比較はできないわけですが（笑）。

さきに車を購入した時の話を書きましたが、モノについて目利きの人、見積もりを精査できる人は、極めて貴重な存在です。ネットでの評判も参考になりますが、鑑定眼や相場観のあるプロは、素人が見逃しがちな盲点を知っているものです。

そういう人に相談できれば、結果的に無駄なものを買わずに済む。リスクを減らすためのコストと割り切れば、お金を払っても安いものだと思うのです。とりわけ大きな買い物の場合は、付き合いが長くなりますからね。

また、パーティを主催する時に演出を頼んだり、ファッションのコーディネートをお願いしたり。プロにお願いするだけで、まったく違う効果が出てくるのは説明するまでもありません。

友達にそうした人を多く持っていることにこしたことはありませんが、もしいないのであれば、お金を払ってお願いしてみましょう。

友人の紹介などでお願いするような場合、そのプロの会社にお金を払うのではなく、個人に直接お礼として渡したほうが喜ばれることがあります（領収書はもらえませんが）。率直に、どちらがいいかを聞いてみたらいいと思います。

私は家を建てる時、建築会社にコンペをお願いしたのですが、コンペに参加してもらうというだけで、一社五万円を支払いました。結果的に、選から漏れてしまったハウスメーカーにも、きちんとお金を払ったのです。

これは決して高くない投資です。なぜなら、コンペ費用を払うことで、しっかりした仕事をしてもらえるからです。経験豊かな設計者たちからアイディアをもらえるのですから。コンペに勝てなかった会社でも、家のプラン制作には手間と時間がかかっています。少しでも、それに報いたいと考えたわけです。

家の仕事の外注サービスと言えば、掃除をお願いしています。床のワックスがけや水回りの丁寧な掃除などを二週間に一度、フィリピン人のメイドさんに頼んでいるのです。

また、税務はすべて税理士さんにお願いしています。私は事業収入もあるので、年間一〇〇万円以上の費用をかけていますが、領収書の整理や会計、源泉徴収や消費税の扱いなど、頻繁に制度が変わり利率も動くので、プロにお任せしたほうが早いし確実です。経理部をそのままアウトソースする感覚です。

お金と時間の関係を考えるようになると、無駄な時間が大きく減る

時間を買うことを考えるようになると、人の発想は大きく変わっていきます。どういうことかというと、常に時間とお金の価値を対比して考えるようになるからです。そうする

ことで、無駄な時間が大きく減っていくでしょう。

例えば、行列してまで食べたりしない。関係が薄い人のお祝いや葬式に出ない。パーティのなんでも駆けつけ屋をやめる。そういう、なんとなく惰性で続けている時間をどんどん減らして、付き合いを深めたい人との時間を増やす。さらに、哲学的な時間を増やす。

私自身は、考える時間や読書する時間、あるいは大事なメールに一つひとつ丁寧に答える時間を増やすために、余計な時間をカットすることを極めて重要視しています。ツイッターも告知用かわら版としてしか使っていません。

だから、携帯電話は緊急時にかける専用のものしか持ちません。大量のCCメールやメルマガが来るのを避けるため、名刺も持たず、メールアドレスも渡しません。すでにメールをやり取りしている知人以外で私に連絡したい人は、ちょっと探せばホームページが見つかりますから、そのポストに入れてくれればいいのです。

初対面で会った人から勝手にやってくるメルマガなど、一つひとつは小さくても、これらが積み重なると、どのくらいの時間が無駄に使われるか、よく考えてみてください。

双方向でコミュニケーションする場は、自宅の電話の他は、ホームページの「よのなかフォーラム」掲示板と、フェイスブックのグループのみです。

だから、ホームページは重要になります。制作はプロに任せ、かなりの費用を支払って、運営してもらっています（ホームページについては、後に詳しく書きます）。

自分の「時給」レベルは、社会のどのポジションに位置するのか

少し長くなりますが、お金と時間の関係については、是非、しておきたい話があります。これを理解すれば、職業上、何を大事にしてお金を使うべきなのか、ということも見えてきます。

「時給」というものについて、別の角度から考えてみることです。

あなたの時給はどのように決まるのか。

「どうすれば、その一時間当たりの稼ぎがもっと増えるのか」という謎に、いまから迫ってみたいと思います。

あなただって、できることならば、もっと稼ぎたいでしょう。子どもには、稼げる職業についてほしいと思っているのではないでしょうか。であれば、考えておくべきポイントがあります。それが、一時間当たりの時給を上げるにはどうしたらいいのか、なんです。

まず、あなたは自分の年収がいくらか、即座に言うことができますか？

次に、あなたは年間、何時間くらい仕事をしているでしょう？

年収を年間の仕事時間で割ったものが「時給」ですが、後者はあまり考えたことがない

方も多いはずです。

自分は一〇〇〇万円の高収入を得ているとおっしゃる方も、年間に三〇〇〇時間以上働いている管理職だったら、時給は三〇〇〇円強という程度だったりします。これは、年間一〇〇〇時間だけ働いて、三〇〇〇万円以上稼ぐパートの人と同じ。

もっと言えば、良い私立中学校に入れる指導技術を持った家庭教師はこれくらいの時給を稼ぎますし、東大に入れるプロの家庭教師なら時給五〇〇〇円を超えるでしょう。

つまり、年収だけで優劣を比較しても意味がないということ。時間当たりに生み出す付加価値の量で比べないと、仕事の効率が見えてきません。

こうして求めた「時給」を、次の図に掲げる「ニッポンの時給」の下から上に引いた数直線の中に当てはめてみてください。あなたの「時給」レベルは、現在どこにポジショニングされるでしょうか。

一番下には、高校生がハンバーガー店やコンビニでバイトした時の基本的な時給八〇〇円を置きました。もちろん七〇〇円からの地方もあるでしょうし、夜勤なら一〇〇〇円を超えるかもしれませんが、あくまでも代表的な時給の目安を示してあります。

上に行くほど、一時間当たりの付加価値が高まって時給が高くなります。

コンピュータ系の仕事、例えばプログラムができるとなれば、パートでも二〇〇〇円く

● ニッポン人の「時給」＝なんと、**100倍**の差

（年収÷年間総労働時間）　（1時間当たりに生み出す付加価値の差）

・時給を超えた存在も…
→起業家、スタープレーヤー
（スポーツ、音楽、TV、映画など）

- なぜ、100倍の差が生まれるか？
- どうしたら、もっと稼ぎ（1時間当たり）を上げられるか？
- 下から上に価値をシフトさせる**鍵**は何か？

「たいへんさ」でも「年齢」でも
「熟練度」でも「がんばり」でも
「努力」でも「技術」でもありません！

8,0000円　世界レベルのコンサルタント

30,000円　弁護士、医師

10,000円　専門家、熟練大工、庭師などのエキスパート

5,000円～3,000円　サラリーマン、公務員／教員など
（たとえば600万円の年収の人が年2000時間働いていれば、時給は3000円/時）

〈年間総労働時間のめやす〉
- たとえば、1日8時間仕事する人が週5日で年間50週働けば2000時間、ゆる～く働いて年間1600時間
- 管理職やハードワーカーは2400～3000時間働く人も
- 自営業で朝から晩まで働けば1日12時間×365日で4000時間超も

2,000円　常勤でないコンピュータ系、プログラマーなど

800円　ハンバーガー店、コンビニバイト（フリーター）

・時給を問わない存在も
→有償、無償
ボランティアの仕事

らいはいくでしょうし、ゲームのプログラマーならもっと稼げるでしょう。

真ん中に時給三〇〇〇円から五〇〇〇円の領域を置きましたが、実はサラリーマンや公務員の年収を年間総労働時間で割ると、だいたいこのあたりに位置します。年間二〇〇〇時間働いて六〇〇万円の年収を得る人は、時給三〇〇〇円です。

課長とか部長とか肩書きが付いて給料が上がっても、仕事がますます大変になるので、やはり時給レベルは五〇〇〇円前後に落ち着きます。例えば、一五〇〇万円の年収の取締役営業部長も、土日もゴルフの接待で年間三〇〇〇時間働いていれば、時給は五〇〇〇円です。

一〇〇倍の「時給」の差は、いったい何から生まれるのか

一方、一般的なサラリーマンが属するゾーンから上は、専門家（エキスパート）の領域になります。

大工さんでも家一棟建てられる力量のある棟梁クラスなら、時間一万円は取れるでしょうし、ランドスケープデザインもできる庭師なら、同じように一万円以上顧客に請求できると思います。

弁護士はピンキリです。昨今は供給過剰と言われていて、弁護士になっただけでは食べ

られません。でも、優秀な弁護士なら時給三万円くらいは取れるでしょう。医師も、開業医か勤務医か、患者さんがつくかどうかで決まってきます。

数直線の一番上には、世界レベルのコンサルタントの一時間当たりの報酬を書きました。カルロス・ゴーンに世界戦略を授ける力のある人気のコンサルタントならもっと稼ぐかもしれませんが、大手のコンサル会社は一時間八万円くらいをスタッフの時給に課金してきます。

断っておきますが、この下から上への仕事の順番は、どちらが偉いとか、どちらがより尊敬すべき仕事かということとは関係ありません。単に、一時間当たりに生み出す付加価値の順に並べただけで、職業の貴賤とは無関係です。

しかも、実際には、時給八〇〇円の下側にも、もっと広い世界が広がっており、時給に関係なく働く尊い仕事が多数あります。有償、無償のボランティアが典型でしょう。

また、時給八万円の上にも、時給を超えた仕事が広がっています。起業家やプロスポーツ選手の一部はここに位置します。年収数億円から数十億円と稼ぐミュージシャンやアスリートもいますから、この人たちの時給も例外です。

そして、日本で働く普通の人の「時給」格差が、八〇〇円から八万円の間だということは、なんと一〇〇倍もの差があることがわかります。

一〇倍であれば、運や勘の良さでごまかせるかもしれませんが、一〇〇倍です。

ここで、大事な問題を提起しようと思います。あなたがもし、もっと稼ぎをアップしたい人であるなら、絶対に避けて通れない問題があるのです。

この**一〇〇倍の差は、何から生まれるのか、**ということ。

どうしたら、今より上にシフトして、一時間当たりにもっと稼げるようになるのか。稼ぎを増やすためのカギは何なのか。

これに答えることが、自分の収入を増やすことになるのです。

また、子育て中のみなさんには、お子さんにキャリア教育をする時のカギにもなるでしょう。先生たちにも、十分に学んで欲しいところです。


時給一〇〇倍の差を生んでいるのは「希少性」、つまり「レアさ」


私はよく小学生や中学・高校生への「よのなか科」の出前授業で、ここに描いた図を示して、下から上にシフトする際のカギは何かを問いかけます。

すると、小学生だと「大変さ?」といった答えが出てきます。しかし、「大変さ」であれば、ハンバーガー店で夜中に働くのも十分に大変だと言えそうです。若くても上の仕事をしている人はいますから「年齢」でもない。

「熟練の度合い」や「技術」といった答えは一見、正解でありそうな気がしますが、それぞれの仕事には固有の熟練の仕方や技術があるわけですから、プログラマーの熟練度や技術の高さと庭師の熟練度や技術の高さを比較することはできません。


だとすると、この一〇〇倍の差は何から生まれるのか。


結論を言えば、それは**「希少性」**です。

下の仕事は、いわゆるマニュアルワークで、誰にでもできる仕事です。日本人でなくても、中国やインドからの留学生でも、日本語がある程度できればアルバイトをすることが可能でしょう。

ですから、あなたがこの仕事に就いても、いつでも取り替えが可能になりますから、供給過剰になれば、この時給はもっと下がることになる。

対して、上に行けば行くほど、仕事の**「希少性」**が高まります。あなたの**「かけがえのなさ」**が価値を高めるのです。

一番上のポジションなら、顧客は、「あなたでなければダメなんだ」ということになるでしょう。

違う言葉で言えば、何度も登場している「レアさ」という言い方もできます。

子どもにこの数直線を示して一〇〇倍の差はなぜか、と問いかける時、私は、ポケモンカードを例に出します。

「君たちは、ポケモンに限らず、カードゲームをしたことがあるでしょう。ここでいう『希少性』というのは、カードゲームにおける『レアカード』のこと。滅多にない貴重なものだから、みんなが欲しがるし、ネットオークションでもショップでも高値が付くよね」と解説するのです。

つまり、中高生にも、自分の希少性を高めて**「レアカードになれ！」**とアドバイスすることになります。もう何度もこの手のキャリア教育の授業をやっていますが、彼らなりに理解しますし、かなり納得度が高いようです。


安易にみんな一緒のほうに行かないで、それぞれ一人ひとりがユニークさを増していくような生き方。同じピラミッド構造の中で競争するのではなく、ユニークなポジションをとればいいのだということ。

そういうほうが給料が高くなっていく、という現実があるということなんです。

そして私は、「アロマ・セラピスト」や「ネイル・アーチスト」なんて仕事は二〇年前にはなかったんだよ、という話もします。

「アロマ」をやっていた人はいたし、「セラピー（癒し）」の仕事も昔からある仕事です。しかし、この「アロマ」と「セラピー」を組み合わせてしまったところが（情報を編集したところが）新しかった。同じように、誰もがマニキュアをすることはありましたが、それをアートにまで高めたから「ネイル」に芸術的な付加価値が付いて、「ネイル・アーチスト」という、よりレアな仕事になったわけです。

このように二つの仕事を組み合わせて、付加価値の高い仕事を創造することだってできるという例です。

どうでしょう。お金を手に入れようとして、さて、みなさんはどこに向かっていたでしょうか。

結果的に、みんなに評判のいい、みんなが目指す、みんな一緒の世界のほうへ流されてしまいませんでしたか？　レアじゃないほうへ、と。

「希少性」を高めてくれるものこそ「時間」

どうすれば、あなたの収入は上がるのか。もうおわかりだと思います。自分自身の付加価値レベルを上げ、**「希少性」「レアさ」**を高めるということでしたね。

やり方は様々でしょう。しかし、どうやら今の仕事を漫然と続けていても付加価値が上がりそうにない、という現実があるのではないでしょうか。

そこで重要になってくるのが、時間なのです。新しいステージにジャンプするためには、時間に余裕を持ってチャレンジする必要があるのです。ジャンプする時に、私たちは必ず膝を曲げてためをつくる。そのようにする必要があるのです。

だから、時間を買うことがより重要になってきます。


今度は、時間に関するマトリックス図を掲げてみました。あなたの時間に対する感覚をチェックしてもらうためです。

個人の全生活時間のうち、タテ軸の上は「個人的時間」、下は「組織的時間」の領域です。「個人的時間」とは、一人で体験することや一人でやる仕事を指します。「組織的時間」とは、会社での仕事や公務員なら役所や学校での仕事の時間を指します。

ヨコ軸では、左が「処理的な時間」の領域で、右が「編集的な時間」の領域です。

「処理的な時間」とは、個人の場合は日常のルーチンな仕事、あまり意識しなくてもできる歯磨きのような習慣、そして意識を集中して個人で早く正確にやり遂げるべき仕事など

●時間のマトリックス図

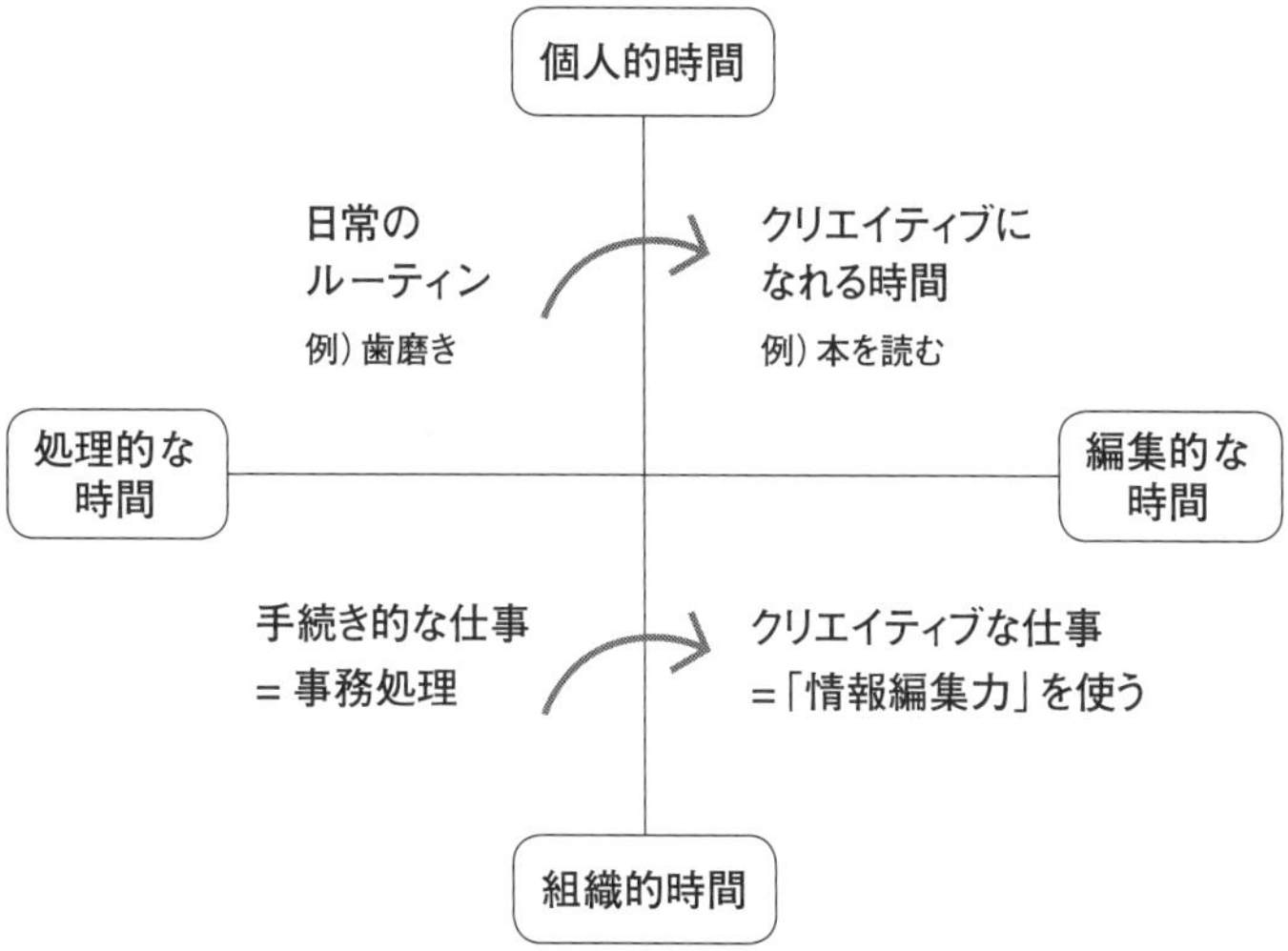

です。

会社や組織の場合は、事務処理や左から右に動かすような仕事、手続きが決まっていてあまり頭を使う必要のないこと、大量に片付けなければならないような処理仕事の類です。

一方、「編集的な時間」とは、クリエイティブな仕事をしている時のこと。新商品やサービス開発のアイディア出しのブレストや、顧客のつもりになって営業の訓練をやる研修など。あるいは経済動向を先読みして投資先を決定する仕事とか、柔らかアタマで勝負する仕事です。

多くは、コミュニケーション技術、ロジカルな思考技術、シミュレーション技術、ロールプレイ技術、プレゼンテーション技術という「情報編集力」の五つの要素を使う場面でしょう。

二〇世紀後半の日本を牽引したのは、「情報処理力」に優れた官僚を含むホワイトカラーとブルーカラーでした。

「情報処理力」とは、決められた世界観の中でゲームをする時、いち早く正解を導き出すチカラです。「欧州の人間としては初めて、コロンブスがアメリカ大陸を発見したのは何年？」と問われて「１４９２（イヨー、クニが見えた！）」と瞬時に答えられるかどうか。テストで採点すれば「見える学力」として表れるものです。

これに対して、二一世紀の日本でより大事になるのは、身に付けた知識や技術を組みあわせて納得解を導くチカラ、すなわち「情報編集力」のほうです。

「コロンブスがアメリカ大陸を発見したあとに、人々の世界観はどう変わったか？」について自分の頭でイメージできるかどうか。それが、ひいてはイスラム国や北朝鮮の未来を予測し、自分の仕事や生活と、そうした世界の変化との関係を想像するチカラにもつながっていきます。

こちらはテストでの採点が難しいから「見えない学力」とも呼ばれますが、本番に強い人、いつも運が良いように見える人、世の中の景気と無関係に元気な人に共通のチカラです。

「情報処理力」は、いわば、ジグソーパズルを早くやり遂げるチカラ。一つのピースに正解の場所はたった一つ。ただし、全体の図柄、たとえばディズニーのキャラクターとかお城のある風景とかは、メーカーがあらかじめ決めています。

「情報編集力」は、レゴをやる時に要求されるチカラ。一つひとつの部品はシンプルだが、組み合わせることで、宇宙船にも家にも動物にも人の姿にもなるし、文字通り町全体をつくりだすことも可能です。世界観自体をつくりだすイマジネーションのチカラなのです。

πが変わらない世界の中でも選択肢の幅を広げ人生を豊かに生きるには「情報編集力」が欠かせないことは火を見るより明らかでしょう。

日本の成熟社会を支える市民を誕生させるためには、学校でも「情報処理力」だけでなく「情報編集力」を鍛える学習が必要になってきています。文部科学省が打ち出した「アクティブ・ラーニング（能動的学習）」への転換（記憶力偏重の知識の受動的な学びから、思考力・判断力・表現力を駆使して問題解決に当たる主体的な学びへのシフト）も、入試制度改革もこの流れの延長にあります。

さて、この図が理解できれば、時間をうまく使うために、どのような投資をしたらいいかが明確になります。

（1）まず、会社においては、左下の分野の仕事はなるべくIT化やロボット化というシステム投資をして、短時間で処理できるようにすること。そうして、社員としての人間の仕事をなるべく右の情報編集的な仕事にシフトしていくのです。そうすれば、会社の付加価値レベルが上がって収益体質が改善されます。

つまり、経営陣が陣頭指揮して、会社や組織全体で左から右に時間をシフトさせることが重要です。すると、左下の時間をシステム投資によって短縮し、人間の脳の働きの多くを右に移せるからです。右下では、先に触れたようにコミュニケーション、ロジカルな思考、シミュレーション、ロールプレイ、プレゼンテーションが頻繁に起こっていなければなりません。

ただし、ここは会社や組織全体のレベルの話ですから、個人の意志でどうこうできない場合が多いものです。働きかけが可能なのは、あなたが経営レベルに近い立場の場合だけでしょう。

（2）次に個人のレベルですが、同じように何が必要になるのかは、もうおわかりかと思います。「左から右へ」という投資です。

処理的なルーチンの仕事をお金を出して外注し省いてしまうことで、右側の時間を作り出せるからです。

個人の情報編集的な時間こそ、人生全般の中であなたがクリエイティブになれる場面です。一人で本を読む時間のように、徹底的に自由ですから、小さな幸せも感じられる可能性が高い。さらに、中くらいの幸せ感の源泉も、この時間の確保にあるといえます。

この時間を多くして、**あなたがたんに「情報を消費する側」でなく「情報を生み出す側」に回れば、あなたの、情報社会における幸福感は満たされることが多くなってくるのです。**だから、情報を生み出す側に回るために、お金を使うことが大切になってきます。

そしてこれが、自分を「レア」にする方法にもなります。仕事のスキルだけではありません。レアな「体験」もできる時間が生み出されるから、「物語」が生まれるチャンスが増えていく。すると絆が深まり、コミュニティでの存在感が高まることになるのです。

時間の余裕→レアな体験→レアな物語が生まれる→物語が糸になる→コミュニティでの絆が結ばれる→コミュニティでの存在感アップ→中くらいの幸福感が増す、という流れの公式です。

会社の近くに引っ越して、通勤「時間」を減らしてしまう

この章の最後にもう一つ、究極の「時間を買う」方法に触れておきたいと思います。それは、会社の近くに引っ越してしまうこと。働き盛りの時には、会社にできるだけ近い住居を選ぶのがコツです。

家族がいれば、常識的には緑豊かな郊外を考えてしまうものですが、私はなるべく職場に近い物件を選ぶべきだと思います。なぜなら、通勤時間で人生や健康をすり減らしてしまう可能性が高いから。家賃の差額と、あなたの「時給」換算で計算した通勤時間の価値を比較してみるといいと思います。

もちろん、ＩＴ技術の高い人でリモートワークができるのであれば、田舎で仕事をしながら子育てする選択もありえますが。

もう、あなたには「時間を買う」の意味がおわかりいただけたと思います。

これができるかどうかが、中くらいの幸せ感を決める最も大事な要素かもしれません。

そしてもしかすると、この対極にあるのが、貯金というお金の使い方かもしれないな、とふと思ったりもしたのです。

金言

「レア」「クリエイティブ」につながらないものになるべく時間を使わない

第9章 「ご褒美」を買う

ご褒美とは「お祭り感覚」を自分にもたらすこと

もともと女性は、これが上手ですよね。

自分への「ご褒美」が。私自身もそうですが、男性はあまりやらない。ただ、これもうまく使えば、幸せ度を間違いなくアップしてくれるし、他者との絆への投資にもなります。

例えば、先にも紹介したオリジナル腕時計「japan」シリーズの開発。あれはもともと、四〇年間していたセイコーの時計が壊れてしまい、買い換えようと思ったことがきっかけでした。ちょうど、五年間務めた校長を卒業する年で、自分へのご褒美だったのです。

ブランド時計を買う代わりに、そのお金をオリジナルブランドの時計開発に投じてしまった。消費者から生産者（プロデューサー）へのシフトチェンジとも言えます。

自分へのご褒美も、特別なもの、レアなものに投資すれば、「物語」が生み出せる。もっと上手に、そして気軽に「ご褒美」を使っていいと思います。

私が最近よくやる自分への小さなご褒美は、地方に講演に行った帰りの新幹線の中で、自分に「お疲れさま」という意味で大食いをすることです（笑）。

大好きな「明治アーモンドチョコ」を一気に一箱食べてしまう。健康に悪いわけではないかもしれませんが、この年齢で一人で全部はやっぱり多いかも……。

仕事の帰りにコンビニに寄って、ピーナッツ菓子「ポリッピー」を買い込むことも時々やります。一〇〇円ちょっとの贅沢なのですが、私はほとんど中毒のようになっていて、時々我慢できなくなるのです。

出張の時には、地酒も一緒に買って一人で飲んだりしています。もちろん、ご当地弁当を合わせて食べる場合もあります。

ラーメンは「花月嵐」の定番が好きなので、帰宅が二一時くらいだとぐっと我慢して、自宅のある永福町まで辿り着いてからラーメン屋に入ります。これがまた至福の時でもあるのです。

ご褒美とは、「お祭り感覚」を自分にもたらすことです。

まず日常の仕事があって、「お疲れさま！」という感じで自分を褒める。これは、「ハレ」と「ケ」の関係ですから、多少カラダに悪いことをやってしまっても、幸福感が得られればいいのではないでしょうか。そもそも祭りというのは、昔は命がけでやるものでしたから。

女性がおしゃれなモノを買ったり、スイーツを買ったりして、自分にご褒美を与えるのがうまいのは、「変身」がすごく上手なことにも関係していると思います。ピアスをあけてしまうとか、ネイルを派手にしてみようとか、髪型を大胆に変えちゃおうとか、眉毛剃って描いちゃう、とか。

女性は、違う自分になれる天才なのです。結婚して名前を変えることもできるし、子どもを産んだら、いきなり母という存在にメタモルフォーゼ（変態）したりもする。

その意味では、逆に男は変身が下手です。だから、けっこう弱くて、すぐ行き詰まってしまう。自殺の比率も、男女は二対一。実は未遂者は自殺者の二〇倍くらいいると言われていて、それは女性のほうが多いそうなのですが、女性は未遂をしてもそこから切り替えができるんでしょう。変身して気分を転換したり、モードを転換したりするのが上手です。

ところが、男というのは固定化した役割を与えられているようで、どうも社会的に変身しにくい。男性が女性化する、たとえばメイクをしたり、ネイルをしたりするのを批判する人もいますが、行き詰まりを打開する作戦として、そういう方法もありだと思います。

プロのカメラマンに写真を撮ってもらう

一つ、私がお薦めの「ご褒美」があります。

それは、プロのカメラマンに写真を撮ってもらうことです。スタジオの中でも屋外でもいい。とにかくプロに撮ってもらうとまったく違います。そして、これをプライベート用の名刺の写真やフェイスブックのプロフィールに使ったりしてみるのです。

これからの時代、たとえ組織人であっても、自分がインディペンデントである部分をアピールしていく必要があります。その時、有効な武器になるのが写真です。

欧米の会社では、企業のパンフレットなどに出てくる社長や会長の写真を、どれほどお金をかけて撮っているか。エスタブリッシュな空気が出るよう、かなり投資します。写真には、それだけの価値があるからです。

これは、全世界的な常識。なぜなら、見た目も含めた「信任（クレジット）」こそが、多様で複雑で変化の激しい情報社会では、成功の鍵になるからです。

「信任」というのは、感情的な「共感」と、理性的な「信頼」の双方から生まれます。「信任」＝「共感」×「信頼」という公式を覚えておいて下さい。あなたを写した一枚の写真に、見た人が「共感」と「信頼」を感じるかどうか。

日本人は、まだ「この国は島国でみんな一緒のモードだから、あ、うん、の呼吸で他人にも自分のことをわかってもらえる」と信じていて、こうしたプレゼンの重要性が分かっていない。そんなことはどうでもいいと思っていたりして、甘いんですね。

でも、もうそんな時代ではありません。写真一枚が表現する自分のキャラという影響力が、とても大きいことに気付いて下さい。ネットで拡散する時代ですから。瞬時に相手に敵だと思われるか、それとも「信任」を得て味方だとみなしてもらえるか。これは、仕事にも収入にもかかわってくる。

間違っても、インスタントな顔写真ではいけません。どうしようもないのが、免許証の写真だと、あなただってわかっているでしょう。

だから、例えば五万円ほどかけて、プロのカメラマンに撮ってもらう。スナップで撮ってもらっても、やはりプロはまったく違います。そのデータをもらっておいて、いろんな機会に、いろんなシチュエーションで使う。

そもそも自分の顔というのは、意外に自分では見ないものです。とりわけ男性は。いつも見ているのは、寝ぼけて歯ブラシを口に入れている間抜けな顔です。これでは、いけない。

自分のキャラが最高にいい感じで出ているシーンを、しっかりカメラマンに撮っておいてもらう。そして、それを常に自分で見るようにするのです。そのイメージを自分にも刷り込んでいく。最高の自分を基準にして、そこに立ち戻る。

これは、間違いなく、成功法則の一つなのです。

ちなみに、子どもの写真も撮っておいてもらったらいいと思います。

私は、子どもが最も可愛かった時の写真を、書斎のあちこちに置いています。そうすると、バリバリの反抗期になっても、その写真を見ると許せるようになる。これ、本当の話です。

金言

お祭り気分でご褒美を買うと、いい気分転換になる。うまく使えば物語にも

第10章 「カラダ」を買う

メガネ、スーツ、シャツ、傘など、カラダの一部にこだわる

正確には、「カラダ」の一部を買う、ということです。

切っても切れない縁のある自分のカラダ。そこにいつも付随してくるものは、カラダの一部です。

例えば、メガネは闘う武器だと考えられます。「メガネは顔の一部です」というテレビコマーシャルがありましたが、名キャッチコピーですよね。メガネ一つで人の印象は大きく変わりますから。

私自身、極度の近視＋乱視入りで（肉眼では片眼〇・一以下）、メガネとは長い付き合いになります。かつては一つ作れば数万円もしました。ところが今は、安くて丈夫なメガネが

たくさん出てきています。だから、三つも四つも作って、かけ替えるようになりました。テニスの時には、度の入ったサングラスをかけます。

メガネという小道具だけでも、また、いろんな物語が生まれます。

例えば、リクルートの人気サイト「受験サプリ」にアップする「最強のキャリア教育」の撮影があった時、実はコンタクトレンズにしてみようかと奮闘したのです。

「アクティブ・ラーニング」（能動的学習）手法のお手本として「よのなか科」のオンライン学習バージョンを一本九分前後で五一本収録しました。スタジオでＴＥＤ風に演じた第一シリーズ経済編から始まって、学校編、仕事編、社会編、起業編の五編。正解が一つではないテーマを、ブレスト、ディベート、ロジカルシンキング、ロールプレイング、シミュレーション、そしてプレゼン手法を駆使して、ワークショップ型に授業を進めました。

武雄市図書館で夜中に収録した特別バージョンを含めて、すべて無料公開されています。学校の先生や塾でも、このビデオを使えば簡単に「よのなか科」の授業ができます。ワークシートも新しく開発していて、やはり無料でダウンロードできるのです。あなたにも、息子や娘に（あるいはお孫さんに）親と子の「よのなか科」の授業が家庭でできます。

「よのなか科」の詳しいことは、『たった一度の人生を変える勉強をしよう』（朝日新聞出版）に詳しいので、参考にして下さい。

この武雄市図書館でのロケの前に、さんざんコンタクトレンズにチャレンジしてみました。しかし、結果的には失敗でした。ソフト・コンタクトレンズを買ってはみたのですが、入れるのはなんとかなったものの、外すのがどうにも怖くてうまくいかなかったのです（笑）。

この時に改めて、メガネはもうカラダの一部なのだと痛感しました。

メガネにこだわるようになったのは、「エンジン01《ゼロワン》文化戦略会議」の会議でお会いした元『*an・an*』編集長の堀木恵子さんに、スタイリストの目線からこんなことを言われたからでした。

「藤原さんは、まずメガネを換えなきゃダメ！」

実際、彼女が韓国出張に行った際、お洒落なセルフレームを買ってきてくれたことがあります。

第13章の「『プロフェッショナル』を買う」では、自分の物語をプロの目から編集し直してくれる編集者を雇うことの大事さを説きました。同じように、自分のファッションや日常の着こなしをコーディネートしてくれるスタイリストは、お金を出して雇ってもいいくらいだと思います。

必ず世間からの視点で再評価し、付加価値を付けてくれるのです。まったく違った自分に出会えるかもしれません。

メンタルを整えるお金の使い方。ナナメの関係があれば強くなれる

筋肉を鍛えたり、痩せたりという肉体的なことだけではなく、健康なココロや精神的な落ち着きにお金を使うというのも、カラダを買うことだと思います。

フィジカルのみならず、メンタル面はますます大事になりますよね。成熟社会が深まれば宗教の時代がやってくる、と語っている人も少なくありません。

欧米では精神科医、臨床心理士、カウンセラーなどを味方につけるのは、すっかり一般的になっています。こうしたメンタルなコーチにお金をかけるのも、意味あることだと思うのです。プロのスポーツ選手も、コーチ次第で変わります。それは技術的なことだけでなく、精神面の支えも大きい。テニスの錦織圭選手の活躍も、コーチの存在が大きかったようですし。

ただ、スポーツのコーチを別にすれば、私自身は正直、いわゆる「こころの専門家」と称する人たちにあまり依存する気にはなれないのです。

それより、コミュニティの中で出逢う諸先輩（おじいちゃんやおばあちゃん）のほうが頼り

になるのではないでしょうか。そうしたナナメの関係（親子や上司と部下、先生と生徒、師匠と弟子のようなタテの関係ではなく、友達同士や同僚のように時に競う相手となるヨコの関係でもない、利害関係のない第三者とのゆるい関係のことです）を豊かにすることが大事だと考えています。

「ナナメの関係」が豊かだと、人間関係で多少揺れがあっても、耐性があるからそう簡単には崩れません。

それは、家をタテの関係を繋ぐ「柱」とヨコの関係をつなぐ「梁」だけで建てたら、ちょっとした地震で倒れてしまうのと同じです。ナナメの関係、つまり「筋交い」をたくさん入れた家は強い。同じように、ナナメの関係が豊かだと、人間関係に激震がはしっても倒れない強さを持てるのです。

いわゆるメンターの存在が大事なのは、このためです。メンターは、タテではなくナナメ上の存在だから。

メンターはお金を払って買えるわけではありませんが、お金を使って新しいことにチャレンジし続ける人には、メンターの側から寄って来るものなのです（応援したいと思わせる演出も多少は必要になりますが）。

最近流行のクラウドファンディングなどでも、アピールの仕方によって大きく募金額が違ってくるようです。マラソンを走って寄付を集めるようなファンドレイジングでも、よ

●ナナメの関係とメンター

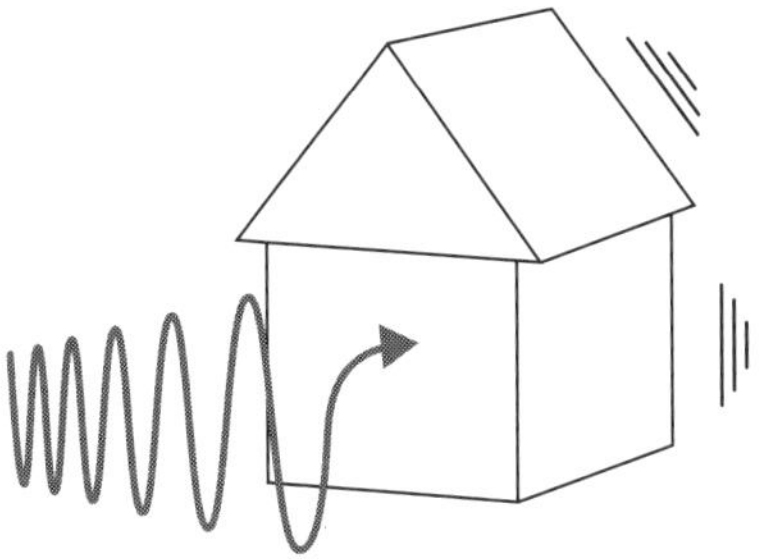

家を柱（タテの関係）と
梁（ヨコの関係）だけで建てたら、
ちょっと地震の揺れが来たら
倒れてしまう

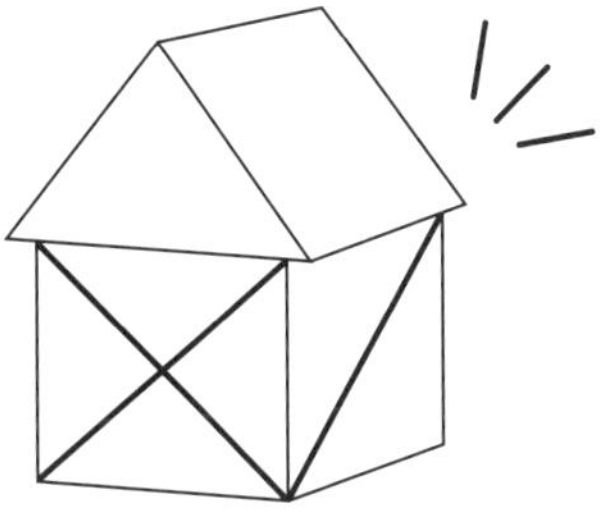

筋交い（ナナメの関係）で
補強すれば、
ちょっとくらいの揺れでも
倒れない家ができる

りメッセージ性が強いチャレンジを応援したくなるでしょう。

また、部屋の灯りの演出にお金を使って精神を落ち着かせるというのも、カラダを買うことだと思います。単にインテリアのための投資とは、ちょっと違いますからね。

部屋の灯りにこだわり、光の浴び方にお金を使って、お洒落に暮らすのです。

そもそも蛍光灯というのは、本来は工場照明でした。それがオフィスに持ち込まれたもの。仕事をする時のための（とにかく明るさ重視の）光なんです。

家でくつろぐ時には、ふさわしくない。やはり、ダウンライトや間接照明で、静かな灯りにしたほうがいい。これも立派な「カラダを買う」だと思います。

「気」や「波動」の動きに意識を向け、「風水」の知恵を活かす

家でリラックスして心地良く過ごすために、私は家を建てる時、もう少し踏み込んで学びました。これは、あなたが部屋のレイアウトやインテリアを考えたり、リフォームをしたりする時にも役立つと思いますので、ちょっと触れておきますね。

その場所に流れる「気」や「波動」を重視して、家を建てようと考えたのです。本を何冊も読んで、「風水」の勉強もしました。すべて信じて帰依するのではなく、複眼思考（クリティカルシンキング）で、良い視点を吸収しようと。その結果、いくつかの視点は合理的で納得がいくと思いました。

例えば、自分の気に入ったもの、エネルギーをもらえると感じるものに囲まれて暮らすと、エネルギーが充塡されるということ。

亡くなった母親の写真を自分のデスクに飾っておくことで、何か勇気づけられると感じる人は、その写真からエネルギーをもらっているのだと思うのです。それは、お気に入りのぬいぐるみかもしれないし、大事な本かもしれないし、飼っている犬かもしれない。

人間というのは一種の半導体であり、電磁波を出している電気的な存在です。だから、

そうしたエネルギーの交流は、実際に物理的にも起こっているのだと考えたほうが自然でしょう。

ましてや、人間の外形は肌という固体で囲われているように見えるけれど、実はミクロに見てみれば、電子が飛び回っているのです。近くにいる人間や動物や写真のようなものとも、電子的に交流しているはずです。相互に影響を受けないわけはないでしょう。

中国では、東の青竜《せいりゅう》、南の朱雀《すざく》、西の白虎《びゃっこ》、北の玄武《げんぶ》が、その土地の守り神だと言われています。

私の家は、もともとの古家の時から庭の東側にあった松を「竜」に見立てて受け継ぎ、切りませんでした。ただ、その松は、前の家主が手入れしないで長年放っておいたために傷んでしまっていました。毎年一〇〜二〇万円ほど手入れにお金がかかりますが、もう一五年以上続けていて、庭師さんたちの情熱で樹齢六〇年以上の赤松が見事に甦りました。

西側には駐車場があり、いまは「虎」に見立てられる「ジャガー」が停まっています。

背後の北側に「亀」はいませんが、山を背負うと守りが固まると言われているので、居間の北側には同世代の画家・杉山邦さんに描いてもらった「山」の絵を掛けています。三枚一連の屏風のような絵ですが、真ん中に長男の名である「玄」（玄関とか幽玄というように、中国での意味は「宇宙の中心」とか「ものごとの始まり」）を象徴する表現がなされていて、左右にはそれぞれ次男と長女の名を象徴する文様が干支の動物とともに描かれています。

南には、鳥が集う庭の木々があり、かつて三人の子どもたちが製作した巣箱をかけていました。鳥が巣箱の中で卵を孵《かえ》したことがありますが、もちろん「孔雀」ではありませんでした。その代わりと言ってはなんですが、天然記念物の川上犬が番犬を務めてくれています（笑）。

風水の知恵で「確かにそうだ」と思ったのは、人や車が向かってくる先に家を建てない、あるいは一直線の動線にしない、ということです。

これは、明らかに戦時の守りに関する知恵でしょうね。敵が容易にまっすぐ攻めてこられないようにしなければならないし、川や道路が向かってくる先に城があれば、川が氾濫したり、水攻めに遭ったりしたら、すぐに陥落してしまうからです。

他人が通るところからは、その視線を避けるようにすることも大事。道路側にすぐの窓を作らない、窓があるなら観葉植物で目隠しをする、などの知恵です。

また、背後を固めないと、人間は心理的に不安になる動物です。ですから、勉強部屋や書斎で座る人の背後にドアがあるのは、あまり良いレイアウトではありません。その場合は、背の高い冷暖房器具や本棚、観葉植物の類いで視線（気の通り道）をいったん切ることが必要になります。

ちなみに、どんな都市でも西側に文教地区ができると言われています。東京でも大阪でも、東海岸のニューヨークでも反対側のロサンゼルスでも、そうですね。地球の自転の関係で、陽が昇るのを眺めるほうが西側だからという説もありますが、これは、正直よくわかりません。

ただし、地球の自転とか、太陽の周りを巡る公転運動、さらに月の位置、そういう力は実際に人間に働くのだと思います。

そういう力には逆らわないほうがいい。


海を動かすような引力や磁力の影響を受けないと思うほうが思い上がり

西北側の鬼門にトイレのような不浄なものを配置するのは良くない、と風水では言われますが、南向きの家で間取りを考えたら、普通トイレは北側になります。

その場合は、そういうエネルギーの流れに一応配慮してますよ、という敬意を込めて、お酒を角っこに置いておけばいい、と私は考えています。

我が家も北側にトイレがありますが、お酒を置いているからか、たたりは今のところありません（笑）。

風水を信じるか信じないかは自由ですが、私はきちんと意味があるのだと思っています。「気」や「波動」は間違いなくあるからです。磁石がどこにあっても北を指すように、地球には恐ろしく巨大なエネルギーが北から南に流れています。これに逆らってもしょうがない。

また、月の引力で、あの広大な海が引きずられて潮が満ち、また引いていきます。満潮で人が生まれ、引き潮にあわせて人が死んでいくことは古代から知られていることです。海が動き、鉄も動く。引力や磁力の影響を、人間だけが受けないと思うのは思い上がりというものでしょう。

これは謙虚に受け止めたほうがいい。方角で鬼門云々と言われるのは結局、磁気や冬の風が走ってくる方向なのだと私は納得しています。

北側にトイレを作るなというのも、不浄なものが気の流れでこっちにきてしまう、ということだからでしょう。実際、昔は家の外にトイレがありました。しかも肥だめですから、北からの流れに乗って菌やウイルスが入ってきてしまいかねなかった。だから、北に置くのはいけない、ということだったのだと思うのです。きちんと意味があるのです。

今は水洗の時代ですから合理性は低くなっていると思いますが、気持ちはわかります。だから、お酒を置いておけばいいんです。

そうした大きなエネルギーの渦の中で、私たちは暮らしています。

普段、意識することはありませんが、エネルギーの流れに逆らわず、リスペクトしておいたほうが、大自然から可愛がられるのではないでしょうか。私はそう思っています。

宇宙の、地球のエネルギーを味方に付けるようなお金の使い方をしたほうがいい、ということ。「気」や「波動」の流れをつかむためです。

勝っている時に勝ちに行き、負けている時には勝負をしない、というギャンブルの鉄則も、また同じ流れの話かもしれません。

「神」というのが宇宙のエネルギーを象徴する存在なのだとすれば、「神」がいるか、いないかを議論する意味は薄れます。宇宙の膨大なエネルギーは、科学的にも、実感としても存在しているし、そこには流れがあります。

どうやらそれは、「意志」や「志」のあるところに渦巻くクセがあるようです。

だから私は、人と人の間の物語、人との絆にお金を使い続けているのです。渦を起こし、エネルギーを引き寄せるために。

金言

自分のカラダを心地良くしてくれるものが、
実はたくさんある

第11章 「アバター（自分の分身）」を買う

どうして東日本大震災の被災者支援で絆が作れたのか

いろいろな社会問題に対してそれなりに意識を持っているし、自分なりに何かしたいと思ってはいるが、なかなか忙しくて動けない。厳しい状況の人たちにエールを送ったり、同じような志を持っている人たちと絆を作ったりしてみたいとも思っている。

でも、そうするための時間がとてもではないが、ない……。

きっとそんな思いを持っている人は、少なくないのではないでしょうか。東日本大震災からの復興にしても、世界で恵まれない人たちを支援する活動にしても、思いはあるが、とても会社を辞めてまではできない。でも、何かしたい。

応援したいし、社会を少しでも良くしたい。

そんな人に、私がぜひお奨めしたいのが、「アバター」にお金を投じること。

自分にできないことを実際にやってくれている人たちを支援するのです。自分には思いはあるが直接動ける時間がないのであれば、自分の分身とも言えるアバター的な存在の誰かを助ければいい。お金で支援するのです。

これによって、すでに行動を起こしている人たちの戦いに参戦できます。社会貢献の代理人を立てて、代理戦争をすることが可能になる。

漠然と知らない団体に寄付するのではなく、具体的な活動を知った上で、自分はしっかり貢献しているという、より確実な満足感を得ることができますから。

私自身、「アバターを買う」ことで、いろいろな代理戦争に参戦してきました。

自分の子分を増やす、という偉そうなものではありません。分身を増やすのです。やりたいが自分ではできないことを、自分よりパワーのある若手がやってくれるのなら、それを応援するということ。

ようは孫悟空の「分身の術」です。

時々気にしながらサポートを続ける。タテの関係でも、ヨコの関係でもない、ナナメの関係で。

そして、このようなお金の使い方は絆を生み「物語」を増殖していきます。

例えば、東日本大震災では、私は宮城県出身の一人の元商社マンを支援しました。立花貴さんです。彼は仙台出身で、お母さんと妹さんが被災しました。震災後、会社を辞め、住民票を家族と住む東京から石巻市雄勝《おがつ》に移してまで、本気で復興支援に臨んだのです。中学校の復興、養殖漁業の復興、六〇〇年続く無形文化財「雄勝法印神楽」の復活と、私は彼とパートナーシップを組んで進めてきました。

今は、新たに雄勝にある桑浜小学校跡地を、世界に冠たる子どもたちの自然学校に生まれ変わらせるプロジェクトを進めています。名付けて「ＭＯＲＩＵＭＩＵＳ（モリウミアス）」（http://www.moriumius.jp/#top）。森と海と私たち、そして明日、という意味です。

震災が起きた時、私は何か関わりを持ちたいと思っていました。しかし、どう関わればいいのかわからなかった。三週間ほどして、知人から東北で活動を始めている人物がいると耳にしました。それが立花さんでした。

彼に会って、信頼できると判断した私は、その場で二〇万円を渡しました。当座の資金に使ってほしい、領収書はいらない、と。どこかの団体に寄付して何に使われるかわからないお金になるより、目に見える支援をしたかった。

その代わり私がお願いしたのが、折を見て東北を案内してほしい、ということでした。

そして後日、石巻、女川などを案内してもらいました。まだ生々しい傷跡が残っていた頃です。避難所にもいくつも同行しました。こうして出会ったのが、当時、雄勝中学校の校長先生だった佐藤淳一さんです。私はこの人ならいける、徹底的に支援しようと決めました。

子どもたちの学業に必要なグッズを全国から集めたり、「エンジン01文化戦略会議」でご一緒の林真理子さんや茂木健一郎さんたちと出張授業に行ったり。最悪の状況を体験した子どもたちにこそ、最高の授業を届けたいと、よのなか科の授業をプレゼントしたのです。

テニス部員のためには、コートの土を掘り起こしたり、ラケットを寄付したりもしました。

私のテニス仲間たちも、みな東北に関わりたいと思っていました。でも、多くは、なかなかキッカケが見つけられないでいた。そこで、中学生たちとの合同合宿を企画することにしました。東京からテニス仲間三〇人が仙台近郊のリゾートに参集し、中学生たちの費用も出すかたちで一緒に合宿したのです。生徒たちが大きな声を出しながら本気で練習をしているすぐ横で、オジサンたちも練習する。こんなことは得難い経験です。声を聞いているだけで元気にしてもらえるのですから。

東北支援は、その後も、「3・11震災孤児遺児文化スポーツ支援機構（通称3・11塾）」ができたり、子どもたちの修学旅行に合わせてホームステイを受け入れたり、様々な形で続いています。

これも、立花さんというアバターを通して、すべてが始まったのです。

世界やアジアへの貢献も代理戦争するアバターを応援することから

私のアバターは、海外にもいます。一人は税所篤快さんです。e-educationという活動を立ち上げました（現在は三輪開人さんが代表。http://eedu.jp/）。

これは、バングラデシュから始まり、アジアの国々に「ドラゴン桜」現象を起こすプロジェクトです。志があって優秀な地方の人材を、本来だったら不可能な受験に成功させて最高の学府に送り込む。そうして、アジア各国に、その国の未来を拓く優秀な官僚や社会起業家を輩出することが目的です。日本の明治維新をアジアで再現させようとする志のプロジェクトです。

具体的には、田舎の高校生に、「受験サプリ」のようなビデオ授業で動機付けて勉強させ、その国の東大（バングラデシュならダッカ大学）に合格させて、将来の国の行く末を担うべく支援する、という企て。

税所さんはもともと偏差値28の落ちこぼれだったのですが、自分自身の体験から、このプロジェクトを思いつきました。そして、最初はうまくいっていたのですが、途中で行き詰まってしまった。その時にツテをたどって、私のところに人生相談にやってきたのです。話を聞いて、やっていることは間違っていないと確信しました。なにより「最高の授業を、世界の果てまで届けよう」という事業コンセプトが素晴らしい。

このメッセージは、普遍的で、世界の人々を惹き付けるだろう、と。

実際に、初年度はダッカ大学に入学した学生が一名いたというのです。私は、自分の目で確かめたいのでバングラデシュを案内してほしい、と申し出ました。二〇一二年のことです。

そして実際に見て、ぜひこのアバターくんを応援したいと思いました。これは彼の本にも書かれているのですが、当時、彼は資金にも困っていました。

バングラデシュ視察の最終日、私に「二〇〇万円貸してほしい」と言ってきたのです。私には先にも書いた通り、人にお金は貸さないというドクトリンがあります。だったら、半分の金額をあげてしまおうと、彼に出資することにしました。もちろん、リターンを考えずにです。私のこの行動は、彼に強烈な印象を持って受け止められたようです。だから、物語はこのあとも増殖していきます。

和田中出身で社会起業家を目指す牧浦土雅《どが》くんも、ルワンダで「ドラゴン桜」を成功させ、いまはタイで新規事業に取り組んでいます。

「ドラゴン桜プロジェクト」は、ヨルダン、ルワンダ、パレスチナから、フィリピン、インドネシアなどアジア各国にも広がり、二〇一四年には世界銀行本部イノベーション・コンペティション最優秀賞を受賞しています。

アップルやグーグルなどアメリカの一流企業を辞め、最貧国の教育支援や貧困からの救済活動に取り組む人たちが、今増えているのです。世界中で最高に優秀な人材が、ビジネスで金儲けをするのではなく、社会問題の解決を目的とした社会起業に、より魅力を感じ始めている。

政府にできない領域で、個人の力が一番生きて、人々に感謝されるところで仕事がしたいのでしょう。

日本でも、世界に知られるすごい活動をしている人がたくさんいます。若者でなくても、です。例えば、ＡＥＦＡ（アジア教育友好協会）理事長の谷川洋さん、七二歳。

谷川さんは丸紅に勤務していましたが、五七歳で辞めて、まずラオスの山岳民族のために学校を設立する手伝いをします。山岳民族の子どもたちが学校に行くのに困っていたか

提供／NPO法人国際学校建設支援協会 石原ゆり奈代表

＊

お手本となる老舗団体、ともいうべきJHP。小さな波を大きな展開に持っていく事でカンボジア支援の基礎を築いてきた。金八先生の作者である小山内美江子氏が代表をつとめ、建物だけでなく子ども達の心の教育（音楽・芸術）にも力を入れている。国内のボランティアカレッジを開いているのも特色の1つ。

特色はビジネスに絡んでいく力。団体の作り方、支援の集め方など、若さと勢いがある。また、学校建設分野だけではなく、今後を見据えての職業訓練や診療所支援などに活動を広げているのも面白い。イマドキっぽい支援の形を打ち出していく力のある団体。


子どもたちの笑顔に惹きつけられた女性陣のパワーが活動を支えている。

「みんなが学校に行けるように」という想いを胸に、学校を贈り続けて20年。

レンガ1つ分の協力を!を合言葉に、コツコツと活動を続けている団体。


京都の公立中学校の元校長先生が立ち上げたNPO。

元校長先生たちが中心となっているので活動の進め方は「堅実」。

京都人の心やさしさに先生の粘り強さが加わる。

日本のそろばん学習、高校建設の支援などの特色を持つ。

＊

ネパール人による、ネパール人の為のプロジェクト。

外国人が引っ張るのではなく、現地リーダーを育成していくPJ。

若者なのでまだまだ成っていない部分も多いが、なんせ運が強い、引きの強い子達。

ユメスクールをネパール各地に開く事、レベルの高い学習環境を作ることを目指している。

●「アジアに学校を建てよう」を支援するNPO一覧

ラオス・ベトナム・タイ
認定NPO法人アジア教育友好協会(AEFA)
〒105-0014 東京都港区芝3-3-10 芝園オーシャンビル8階
TEL:03-6426-0720/FAX:03-6426-0721
E-mail:aefa@nippon-aefa.org

カンボジア・ネパール
特定非営利活動法人JHP・学校をつくる会(認定NPO法人)
〒105-0014 東京都港区芝5-26-16読売理工学院ビル6階
TEL:03-6435-0812/FAX:03-6435-0813
E-mail:tokyo-office@jhp.or.jp
HP:http://www.jhp.or.jp

カンボジア
NPO法人HERO
〒193-0835 東京都八王子市千人町3-14-7
TEL:042-673-6277/携帯:080-3445-6949
E-mail:hashimoto@npo-hero.org
HP:http://npo-hero.org/

カンボジア
NPO法人ASAC(カンボジアに学校を贈る会)
〒277-0025 千葉県柏市千代田3-12-8-105
TEL&FAX:04-7167-6360
E-mail:asac@asac.gr.jp
HP:http://www.asac.gr.jp/

インド
NPO法人日印教育支援センター
〒606-8313 京都市左京区吉田中大路町31-44
TEL&FAX:075-771-9654
E-Mail:japan.india.esc@gmail.com
HP:http://www.japanindia-esc.com/

ネパール
NPO法人国際学校建設支援協会(ISSC)
〒121-0064 東京都足立区保木間5-15-16-1F
TEL:03-6694-1401/FAX:03-6694-1403
E-Mail:school@import-ag.jp
HP:http://www.import-ag.jp

ネパール(参考)
Yume Nepal
E-mail:kiranteester@gmail.com
HP:http://youmenepaltrust.org/

備考	提供／AEFA（2015年5月時点）
お父さんたち手作りの竹の校舎で学ぶ子供たち。 村は山の尾根にあるため台風被害が多く、村の移転に合わせ、小学校を新設します。	
★ファウンダー確定済 待望の、地域初の高校が誕生します。	
地域で唯一の中学校。近隣10村から、120名の中学生が学びます。 教室不足のため受け入れることが出来ず、やむを得ず畑仕事をしている子供が多くいます。	
教室不足のために学校に通えない子供が57人。 雨季には毎年のように子供が命を落としてしまう川があり、アクセスが難しい僻村です。 AEFA初代熱血先生の故郷。	
日本ラオス外交関係樹立60周年記念事業に認定されています。	
併設の小学校は、日本の学校との交流活動が活発。 訪問者は、「コンニチハ!」の元気な声で出迎えられます。	
サラワン県の隣、セコン県との県境に近い、乾季でもアクセスの厳しい僻村。 地域で初の中学課程を新設、中心基幹校となります。	
朝夕には、セドン川で水浴びや洗濯にいそしむ生活感あふれる風景。雨季には、筏で川を越えて行きます。 見よう見まねとはいえ、自力で学校建設を始めた村人達。 稲の収穫が思わしくなく、今でも床は砂のまま…	
地域の中心基幹校として、521名の生徒が通うも、教室不足。 季節にはコーヒーの白い花の香りが漂う学校です。 ※2007年、AEFAが小学校を／2010年、福島県飯舘村が中学校を支援。更なる発展に挑戦する学校です。	
★ファウンダー確定済 待望の、地域初の中学校が誕生します。	
★ファウンダー確定済 30年間奉職する熱血園長と教員が支える園。 *学生団体sivioとの共同プロジェクト*	
7村から生徒が通う、地域の中心基幹校。5年後には、生徒数が現在の1.5倍に増加。 村人自ら追加校舎の建設を始めるも、洪水続きで稲の収穫が思わしくなく、 生活自体が厳しくなり建設作業が停滞中。	
JICAプロジェクトも入っていたため、教員の質は高い。 現在の校舎は予算不足のため、天井・窓・教室の仕切りが無い状態。 木造の仮設校舎は床も壁も無い。	
「もったいないプロジェクト」として、新たな理念で挑戦。 既存校舎を新築レベルに徹底修復。コストを200万円節約。 *学生団体I-RISとの共同プロジェクト*	
★ファウンダー確定済 5室のうち1室分は、村人による労働参加・資金協力によるもの。	

● ラオスでファウンダー(創立者)を募集する対象学校リスト

学校名	あなたに奇跡を起こして欲しい村の特徴	校舎の仕様(現地のニーズ)/ファウンダー(創立者)になれる予算
サラワン県 タオイ郡 ピティアン村	「天空の村」/豊かな森、山に沈む夕陽 ラオスのふる里の原風景が広がる	小学校3.5室+井戸+トイレ/ 700万円
サラワン県 タオイ郡 パチュドン高校	「ラオスの山のイーハトーブ」/子供たちは学校菜園の自給自足で寮生活を送る。山岳地帯のモデル校に、地域史上初の高校を新設。	中学校2.5室(追加校舎)/ 500万円
サラワン県 タオイ郡 ブオンナム中学校	「水たばこ村」/閉鎖的な少数民族の村が、学校建設をきっかけに大変革!「英語を独学で勉強。将来を拓くのは自分自身の努力」(ブンノン校長)	中学校2.5室(追加校舎)/ 500万円
サラワン県 タオイ郡 パシア小学校	「クレーター村」/校舎の裏に8つのクレーター! ベトナム戦争の傷を乗り越えて… 教育こそが、奇跡を生む。	小学校3室(追加校舎)+ 先生の家+井戸/ 600万円
サラワン県 サラワン郡 マークナオ小学校	「ラオスの馬路村? マークナオ=レモン村」/ 村には大きなレモンの木、木陰に集う子供たち。	小学校3.5室+井戸+トイレ/ 600万円
サラワン県 サラワン郡 ポンタン幼稚園	「瑞穂の里」/田植えの時期は、村一面が緑色に… 実りの時期には稲穂が輝き、懐かしい風景が広がる。	幼稚園2室(新設)/ 400万円
サラワン県 サラワン郡 ハーコーナム中学校	「これが本当の? 川越村」/4つの川を越えてたどり着く秘境に、地域初の中学校を新設。	中学校2.5室(新設)+トイレ/ 500万円
サラワン県 サラワン郡 ナードンポン小学校	「ラオス・サラワンの三大清流~セドン川を越えて辿り着く自立の村」/村人が独学で建て始めた小学校は、10年経っても未完成のまま…	現校舎修復+追加2室新設+ 井戸+トイレ/ 700万円
サラワン県 ラオガム郡 ドンニャイ高校	「もったいないプロジェクト　発祥の地」/(2010年、飯舘村が中学校を支援)コーヒー農園に囲まれた村。季節には、てまひまかけたフレッシュなコーヒーを。	高校4室+トイレ/ 700万円
サラワン県 ラオガム郡 カトゥア中学校	「地域の将来は、子供たちの手の中に」/カトゥア村及び近隣4村の生徒が通う、初の中学校を新設。	中学校4室(新設)+ トイレ+井戸/ 800万円
チャンパサック県 スクマー郡 スクマー幼稚園	"女・藤原和博?"園長先生のいる学校「幼稚園をよくするためには、いろんな人を訪ねて行ったり、話をしたり、支援をお願いしているの」(チャンタイ園長)	幼稚園3室(追加校舎)/ 450万円
チャンパサック県 スクマー郡 ターサムパン中学校	世界遺産はワットプーだけじゃない! クメール遺跡「3つの頂上のある仏塔村」/教室の仕切りとなる竹を編んだ壁は生徒が手作りしたもの。養魚池活動も。	中学校追加4室+ 井戸+トイレ/ 800万円
チャンパサック県 スクマー郡 ターサムパン小学校	「教育の重要性を理解し、わたしたち村人とパートナーとして、共に同じゴールに向かって進んでいけたらと願っています」(ウドム村長)	現在の小学校校舎修復+ 追加3教室+井戸+トイレ/ 800万円
チャンパサック県 チャンパサック郡 ノンブア小学校	花言葉は、清らかな心…"3月の蓮の花"という名前をもつ小学校。熱意ある女性教員が、村人と協力して学校を運営している。	現在の小学校校舎修復 +井戸+トイレ/ 300万円
チャンパサック県 チャンパサック郡 フアイサフア小学校	「ラオス 伝説のふるさと」/地域の昔話が伝承される。伝説のもととなった「マルーン山」と「バチアン山」が村を囲む。	小学校5室+井戸+トイレ/ 650万円

らです。しかも、ただお金を寄付して建物を建てるだけではなく、学校を支えるコミュニティを作るところから指導している。まるで私が和田中で作り、今では日本全国八〇〇〇カ所に広がっている「学校支援地域本部」のように、です。

まず地域社会をまとめ、コミュニティの教育意欲を高めてから、そこに学校を作る。地域の人々が山で木を切り出し机や椅子を作り、教材も手作りする。

そのための資金は、日本から寄付を募ります。五〇〇〇万円あれば、立派な学校が建つのです。そしてその学校には、寄付した人の名前がファウンダー（創立者）として刻まれ、子どもたちと交流もできる。これは、寄付者にとって、最高の栄誉でしょう（もっとも現地の人には、日本語の名前は読めないようですが）。

日本でも明治期には、小学校の土地は農家が提供し、篤志家が寄付をしたり、地元の工務店が校舎づくりを担ったりして、コミュニティごとに自分たちの学校を作り、先生を迎えた歴史がありました。それと同じです。

この一〇年でラオスとベトナムに一九〇校を開校するまでになっています（うち一〇〇校は日本財団の基金から）。そして、一〇年前に設立した学校を卒業した生徒が、都会の師範学校に通い、山間部の母校に「先生」として帰ってくるという、奇跡のような循環が始まっているというのです。これは実際この目で確かめなければと思い、二〇一五年三月、谷川さんの案内でラオス視察に行ってきました。

ラオスの各学校は今、日本の学校と姉妹校としての交流を活発化させたいと考えているそうです。前ページのリストはファウンダー募集リスト（二〇一五年五月時点）です。

今後、先生になりたい志ある子どもたちに奨学金を出せないか、中学校や高校も作れないだろうかと、私も及ばずながら、「WANG《ワン》（Wisdom of Asia for Next Generation）アジア希望の学校基金」を立ち上げて協力するつもりです。

私自身もアバターとして義務教育改革ゲームを戦っている

そしてもう一つ、私の直系の分身とも言えるのが、佐賀県武雄市の代田昭久教育監兼武内小学校校長です。

私は現在、武雄市の特別顧問を務めていますが、武雄市が行っている「スマイル学習」という名のビデオ予習型（反転）授業は、私と私の信頼する人たちのチーム（「チーム藤原」）が支援するものです。また、私がお見合いをさせた「花まる学習会」（高濱正伸代表）と武雄市は協定を結び、二〇一五年春から「武雄花まる学園」がスタートしました。

代田校長は、二つの画期的なチャレンジを担います。

一つは、タブレット端末を四〇〇〇人の小中学生全員に持たせ、家に持ち帰らせて、ビデオ動画で予習させてから学校では復習の授業から入る「ビデオ予習型（反転）授業」のチャレンジ。ＩＣＴ活用の先進事例になるでしょう。

もう一つは、「花まる学習会」の小学校低学年に向けた、脳の活性化プログラム（集中力を養うもの）と体を動かす野外体験プログラム（バランス感覚を養うもの）を、大胆に学校のカリキュラムに導入するチャレンジです。

義務教育改革の最先端は、いまや武雄で起こっているのです。

他にも、「ビデオ予習型（反転）授業」に関しては、品川女子学院、大阪府能勢町、沖縄市興南高校、奈良市などでも、リクルートの人気サイト「受験サプリ」上にアップした「よのなか科」のオンライン講座を利用したチャレンジが始まろうとしています。

いずれも、未来の教室への試行錯誤。「先生とは何か？　将来どんな役割が期待されるのか」「学校とは何か？　ＩＣＴ＆ネット時代にも残る学校の機能とは何か」という本質を見極めるための先進的な努力です。

私のライフワークは義務教育改革であり、その一丁目一番地は「一斉授業」という一四〇年続く授業スタイルを崩すこと。これに協力してくれるアバターを、積極的に応援しています。

私自身が、そのことによって教育界に巣くう「正解主義」「前例主義」「事なかれ主義」

を壊していく「戦士」ですから、私を自分のアバターと捉えて、応援してくれる仲間も大勢います。先にも書いた「チーム藤原」が一五〇人から五〇〇人の勢力になっているのは、ここで私が、鵺《ぬえ》のような存在である巨大な抵抗勢力と闘っている戦士だから、でしょう。

みんながコントローラを握って、義務教育改革ゲームを戦う私というアバターを、ジョイスティックで操作しているイメージですね（笑）。

社会起業家を応援する時は、お金を出しても配当がないのが前提です。では、そのお金の出し手は何をリターンとして得るのかというと、社会問題を解決する一翼を担っているという満足感と名誉でしょう。言うまでもなく、それは中くらいの幸せにつながります。

素晴らしいことをやっている会社を応援するのに、株式を買うのも一つの方法です。その会社が伸びれば社会が良くなるのであれば、社会起業家を応援するのと同じ。これは、会社をアバターとするやり方です。ただお金儲けをしようというお金の使い方ではないから、よりソフトな満足感が加わり、物語が生まれるのです。

金言

自分でできなければアバターにやってもらう、という社会貢献がある

第12章 「貢献」を買う

月五〇〇〇円の「フォスターペアレント」を二五年続ける

社会のために、何かできないか。

何か役に立てるお金の使い方はないか。もちろん、所得にかかる税金も消費税も相続税も広く社会に再配分されてはいます。が、ある程度の収入があると、その実感が薄い人のほうが多いでしょう。だから、直接役に立つ方法はないかと探します。

じつは前章のようにアバターを持たなくても、直接アクションを起こすことができるのですが、意外に知られていません。

例えば、買ったものを寄贈する。これも一つの貢献です。私の場合は、新刊本を買って読んでから、図書館に寄贈しています。

自宅に膨大な蔵書をストックする本棚がないからです。私の書斎には「通販生活」で買ったスライド式の幅九〇センチ×高さ一八〇センチの書棚が一つあるだけ。

ここに、過去に出版した書籍がだいたい二冊ずつ、それとビデオやＤＶＤなどがキープされています。

もう一つ、子ども部屋の壁になっている書架もありますが、ここも十分な収納量が確保されているわけではない。

ですから、とっておきたい本以外、読み終わったものは大きめの袋にストックし、二〇〜三〇冊まとまったら、近所の永福図書館に寄贈するか、「ブックフォースマイル」（児童養護施設を巣立つ子どもの自立支援活動）に寄付しています。

時々、ベストセラーで一〇〇人以上ウェイティングがかかっている本なども交じるので、図書館では大変喜ばれています。図書館でもいらない本なら、処分してもらえます。

また、もう二五年続いているものに、フォスターペアレントがあります（プラン・ジャパンが運営　http://www.plan-japan.org/）。月五〇〇〇円を、途上国の子どもに支援するのです。今はバングラデシュの女の子をサポートしています。

リクルートのメディアデザインセンターにいた頃、部下の一人がデスクにインドの女の子の写真を貼っていました。尋ねると、フォスターペアレントだという。私は知らなかったのですが、五〇〇〇円でこの女の子の属するコミュニティを支えているというのです。そんなシステムがあるのかと感銘を受け、ちょうど長男が生まれた時でしたから、感謝の気持ちもあってタイの男の子のフォスターペアレントになりました。

サポートは、子どもが一八歳になるまで。そうすると運営組織の側で別の子どもを紹介されます。次はインドの女の子に。そして今はバングラデシュの女の子になりました。月五〇〇〇円ですが、その子どもに直接お金が行くわけではありません。その子の生活を取り囲むコミュニティにお金が行き、現地のスタッフの指導のもと、勉学を含めた生活の安定が図られます。

手紙を書くことはできますが（英語から現地語に翻訳されて子どもの元に届く）、会いに行ったり、特別にお金やモノを贈ったりすることはできません。これは、とても合理的なルールだと思います。

こういうことを続けていると、タイやインド、バングラデシュなど、自然に現地への関心が湧きます。何もしていないより、はるかにアジアへの視野が開けます。手軽で確実な貢献としてお勧めです。

東日本大震災の遺児をサポートするために年間二五万円を

東日本大震災関連では、前述したように様々な支援をしてきましたが、三枝成彰会長、林真理子代行が設立した「３・１１震災孤児遺児文化スポーツ支援機構」を通じて、年間二五万円、五人組で五人の孤児遺児たちをサポートする活動にも加わっています。月二万円ほど、年間二五万円を一〇年は寄付し続けられる覚悟のあるファミリーがエンジェル（寄付者）として参加します。一対一ではお互いに負担が重いかもしれないということで、五ファミリーから支援金を集め、一緒に五ファミリーの孤児遺児をサポートするのです。

補習塾だったり、ピアノ教室だったり、受験勉強だったり、部活動だったり。学校の教育活動だけではカバーしきれない文化スポーツ活動のソフト面を支援しています。

お母さんがピアノの先生で、娘にピアノを教えようとしていた矢先に津波で亡くなってしまった娘さんに、まず中古ピアノをプレゼントします。さらに週一回程度ピアノの先生をつけて、お母さんが好きだった曲を練習してもらう、というような活動を続けているのです。

二〇一一年から、サポートしていた雄勝の中学生のうち、同じクラスの三人が我が家に二年連続でホームステイをしました。二〇一三年からは、「３・１１震災孤児遺児文化スポーツ支援機構」で支援する兄弟が毎夏ホームステイしています。

顔の見える支援のほうが、中くらいの幸せを感じられますよね。

この子たちがどういう大人になるのか、とその成長が楽しみなので、校長先生役の時と同じ気持ちになれるわけです。

そう言えばヨーロッパに住んでいた頃、養子を迎えているファミリーに何組も会いました。豊かな暮らしをしている人たちにとって、新しい家族を外から迎えることは、ごく普通のことのようなのです。

宗教的な理由もあるのですか？　と聞いてみたりもしましたが、そうでもない。歴史的に、そういう習慣が根付いているのでしょうね。子どものいないご夫婦が養子をもらっていることもあれば、子どもがいる家族でも次の子がなかなかできないからと、もらっていることもありました。養子をもらった後に、子どもを生んでいるケースも。

そして、養子であることは、しっかり周りにも告げています。社会的にごく普通のことだからだと思います。もっとも、日本だって昔は養子縁組は当たり前の習慣だったはずなんですが、今後はどうなるでしょうか。

若い人と同じ釜のメシを食う体験は、心地よい

たくさんのお金がなくても、貢献はいくらでもできます。

それこそ、自分の時間を投資するという方法もあります。気仙沼や雄勝で子どもたちの勉強をみる学習ボランティアをする、なんていうのも一つの方法です。ただし、往復の電車賃や宿泊代は自腹になりますが。

また、現地でボランティアをしている東北大の教員志望の学生たちを飲みに連れていったりすれば、気持ち良く交流ができるでしょう。若い人と飲みながらメシを一緒に食う体験は、非常に満足感が高いですし、素直に感謝される。しかも、むしろエネルギーをもらえるようなところがあります。

被災地以外でも、地元の小学校や中学校の「学校支援地域本部」にサポートを申し出たり、自治体を通して寄付する方法もあります。

先に紹介した石巻市雄勝の立花貴さんのプロジェクト「ＭＯＲＩＵＭＩＵＳ」では、雄勝石を使った屋根瓦を一枚一万円で新しくする、なんていう支援も募集していました。それほどお金を出さなくても、いろいろなモノのスポンサーになることはできます。名前を残すのに、なにも大金を寄付する必要はないのです。

もちろん、現地と絆を深めたい、リアルに体験したいというのであれば、もっと踏み込

んだ「貢献」もできます。

例えば、「ＭＯＲＩＵＭＩＵＳ」プロジェクトの建設ボランティアに継続的に通う。バングラデシュの学校づくりボランティアの事務局の一人として活動する。地域の小学校のコミュニティスクールで子どもに勉強を教える……。

こうした直接的な「貢献」なら、「バングラデシュに小学校を作るために寄付をして、半年に一回の報告会に通っている」というアバター出資よりも、さらに豊かな物語が紡がれる可能性があります。

参加している気分だけでなく、実際、自分の居場所を築いていくことができる。事務局のメンバーと協力して、コミュニティを動かす実績を踏めば、それは手に入るでしょう。コミュニティに自分の時間と労力を投じて場を一緒に作っていくからこそ、濃い関係性ができるし、物語が強力になるのです。

どこまで踏み込んでやってみるか。それを考えることも、実はけっこう幸せな時間だったりします。

金言

モノを買って店員に感謝されるより、
世の中に感謝されたほうがいい

第13章 「プロフェッショナル」を買う

よい編集者を味方につければ、あなたの表現力を伸ばしてくれる

プロフェッショナルとのつながりにきちんとお金を使っておくことが、どれほど大きな意味を持つのかを実感したのは、編集者との関係でした。

私は会社を辞めてから本を出し始めていますが、編集者と出会い、本を出すことができたのは、人生を変えた大きなターニング・ポイントでした。

あなたにも本を出して欲しいから、このことの意義はちょっと後で語ろうと思います。

一方、本を読むことは、二つの意味で「みかた」を増やすことです。一つは、「見方」を拡げ増やすこと。そしてもう一つは「味方」を増やすこと。

本を買うことは、他者（多くの場合はその道のプロ）の思考法を買うことでもあります。

つまり、読書とは、筆者が獲得した知恵を読者の脳につなげる行為なのです。なぜ、つなげるといいのか？　自分の脳を他者とつなげることで、自分の脳が拡張されるからです。「世界をこう観ることができるよ」という知恵を続々とつなげることで、読者は世界の見方を増やし、多面的、複眼的に思考できるようになるのです。

そのほうがたくさんの可能性が見えるし、選択肢も増え、騙されにくくなる。何よりリスクを分散できるから、読めば読むほど自分の身を守ることにもつながります。人生のリスクヘッジのためには、まず読書することが必須なんですね。

では、それがどうして味方を増やすことになるのか？　他者の視点でロールプレイする訓練を積み重ねることで、他者との共通点が見つかるようになるからです。だから、本を読む人と読まない人の間には、かなりの差が生まれることになります。

ここから先は、本を読む習慣のある人だけに当てはまる話です。

読書を蓄積して活字で一杯のアタマから文章が溢れてくるようになったら、その先に一歩踏み出して、自分の本を出すという道が開かれてきます。

本を出す体験は、今では電子出版もありますし、誰でもそれほどコストをかけずにできます。ブログを毎日書くのは、この擬似的行為と言えるでしょう。しかし、それだけでは自己満足に過ぎない。

それこそ、自分の書いた原稿をプリントアウトして簡易印刷すれば、三〇〇〇円から三万円の間で他人に配れる本はできてしまいます。しかし、これでは他者との間に絆はなかなか生まれない。

なぜか。読者という「他者」の目で、自分の書いたものが再構成されていないからです。自分の書いたものを自分で編集するのは、なかなか難しいのです。

かといって、大手の出版社はもはや新人の発掘になかなかお金を投じようとはしません。しかも、ハードカバーの書籍を自費出版支援会社を通じて作ろうとしたら、三〇〇万円から一〇〇〇万円はかかります。

であれば、三万円から三〇万円くらいのお金で編集者を雇って原稿を整理してもらい、装丁もきちっとしてもらうといいでしょう。そのほうが、物語が生まれます。

本を作ってもらうのはいいアイディアだと思います。デザイナーにもお金を払って、装丁もきちっとしてもらうといいでしょう。

なぜなら、出版プロジェクトにきちんと向き合ってくれるプロの編集者なら、読者という「他者」の目で、あなたの書いたものを再構成してもらえるからです。

本は、読んでもらえなければ意味がありません。目からウロコが落ちたとか、この視点はなかったな、とか。面白いと思って読まれなければ、それはただの紙くずです。そうならないためには、自分の書いたものを編集して、付加価値を付けてくれる編集者との出会いが必須なのです。

編集者は、読者の目線で編集し、よのなか的に価値のないものは遠慮なく切り刻んでくれます。よい編集者を味方につけることは、あなたの表現力を大いに伸ばしてくれることにもなるでしょう。

家を建てた時の顚末を本にまとめてしまう

私は三七歳の時、自費出版で『ライフデザイン革命』という本を作りました。

その後、四二歳で『処生術』という本を新潮社から刊行するのですが、これは自費出版の本が昇華したものだったといっていいと思います。

『ライフデザイン革命』を回覧して、感想を本に直接書き入れてくれた人がいたのです。その回覧本を読んで感銘を受けた新潮社の編集者、寺島哲也さんが本を発酵させ、『処生術』として出版してくださったわけです。

以来、私は積もり積もって七〇冊以上の単行本と文庫本を出してきました。この、はじめの一冊があったからこそ、できたことです。

一冊の本は一つの新規事業であると同時に、人生の存在証明だとも思いました。

プロの編集者とは、自分の情報編集力を補ってもらえる存在です。友人でもない普通の人がどう見るのか、どう読むのか、どう捉えるのか、理解可能か、面白いか、をプロとして判断してくれるわけですから、必ず味方につけたい存在です。

しかし、そう簡単にベストマッチの編集者と出会えるものではない。

自費出版の原稿を直してもらうところから始めるのがいいと思いますが、その後の道のりはけっこうタフです。そこで、まずは数万円でちょっとした下書きをとか、一〇万円とか一五万円でまとまった原稿の編集を引き受けてもらえる人材を探す、くらいからやってみるといいでしょう。

ライター兼編集者とか、出版社を辞めた編集経験者など、周囲には意外とその手の職業の人はいるものです。ツテをたどって探してみましょう。

そして五年から一〇年試行錯誤する中で、信頼できる編集者がゲットできれば、上々です。あなたの表現力、あるいは世の中に対する発信力は、ただブログやツイッターでつぶやいていた時と比べて格段に増すと思います。仮に実際には、本を出すまでには至らなかったとしても、です。

ちなみに私は、自分で家を建てた時の話を本にしてしまったことがあります。

借地権で七七坪八〇〇〇万円の土地を求め、四〇〇〇万円台で六五坪の家を建てました。二〇〇〇年のことです。土地は、裁判で地主と借地権を相続した借家人が係争中の物件でした。この建築の顚末を、もともと建っていた古い家屋を産業廃棄物処理業者がどこでどう処理するかから、ヒノキ一本の価格まですべて記録し、『建てどき』（情報センター出版局）というタイトルで出版しました。それで、建築家に支払った数百万円を取り戻そうとしたのです（笑）。

ちなみに、この本はその後、ちくま文庫から『人生の教科書［家づくり］』として出しましたが、解説は建築家の隈研吾さんがしてくださっています（現在は、品切重版未定です）。

演出家、スタイリスト、デザイナー、弁護士や主治医を探せ

情報編集力を補強してくれる存在として、ほかにも、演出家、スタイリスト、デザイナー、建築家、カメラマンやライターなど、自分のテイストを共有できる人物を味方につけておくことには大きな意味があります。

こういう人たちを見つけ出すためには、いくらお金をかけてもいいくらいだと私は思っています。

私自身の一九九七年以来の七〇冊以上の出版の旅というのは、編集者やライター、さらには情報編集力を補強してくれる存在としてのプロフェッショナルたちを探す旅だったとも言えます。

表現行為を、ああでもない、こうでもないとともにできる相棒は、かけがえのない存在。ちょうど、高校生の頃、バンドを組んでいた仲間と同じようなものです。

また、とりわけ会社員ではない人は、組織に守られずにインディペンデントに戦うわけですから、そこには投資が必要になります。

まずは、弁護士。私の場合、学生時代からお世話になっているTMI総合法律事務所の田中克郎代表が代理人です。著作権では法廷で負けたことがないという神話のある人物。つい最近も、彼の事務所で付き合いの長い升本喜朗弁護士に頼んで、腕時計の次に私がオリジナルでプロデュースしている「大人のランドセル　EMU」の工業意匠権を取得していただきました。

田中先生は私自身のいわゆるメンターでもあり、リクルート事件の折には、弁護団の筆頭弁護人を引き受けていただいたこともあります。その後、西村真田法律事務所から独立して、六本木ヒルズにTMI総合法律事務所を立ち上げる際に、会社のロゴをデザインするアーティストをご紹介させていただきました。

主治医も重要です。通常は内科医がその任に当たるのかもしれませんが、私の場合は、持病が高脂血症で、死ぬとすればガンより脳血管系が詰まってという可能性が高いので、女子医大出身の脳外科の名医、井澤正博先生に季節ごとに血液とお小水などをとって診ていただいています。父の脳膿瘍の執刀医でした。

かつて「たけしのTVタックル」の収録中に、急に頭痛と耳鳴りと眩暈が襲ってきたことがあり、翌日、病院に駆け込んだのです。片方の耳が聞こえなくなり、目の焦点が合わなくなったため、いよいよ脳に何か異変が起きたか、と本当に焦りました。CTも撮ってもらいましたが、結局、異常は見つからず、血圧が一時的に高くなっただけだと分かりました。緊張していたわけでもないので変なのですが……。生まれて初めて血圧計を買って、しばらく毎日測っていました。

主治医というのは、何科の先生でもいいそうです。それこそ、子どもが見てもらっていた小児科医でもかまわないし、耳鼻科や眼科でもいい。大事なことは、何でも気軽に相談ができる先生を見つけることです。ネットで検索すれば、専門医は見つけられますが、本当に頼りになる主治医探しには、けっこうお金を使っての試行錯誤が必要です。

先にも少し触れた、ホームページへの投資も大事です。知らない人が私にアクセスする唯一の手段ですから、自分の個人事務所代わりなのです。

東京の青山に事務所を構えて秘書を置けば、維持費は年間で五〇〇万円は下らないでしょう。その代替機能を果たすわけですから、五分の一くらい投資したっていいと思うのです。だから、維持と更新、デザイン変更に年間数十万円はかけています。

今のビジネスパーソンは、ネット上でのプレゼンスが高くないと通用しません。それこそ、仕事の半分がネット上で起こると言っても過言ではないでしょうから、現実の世界と同じだけネット環境に投資しなければならないことになります。名刺にお金をかけるより、こっちにかけるべきだというのが、私の見解です。

努力して見つけた様々なプロの存在は、それ自体「物語」になります。人がぜひ聞いてみたい話になっていくのです。

金言

人生は、自分の物語をまとめた一冊の書籍である

第14章 「シェア」で買う

かつて数百万円した会員権と同格の「利用権」を五〇万円で

リゾートの別荘が、豊かな暮らしのシンボルだった時代がかつてありました。しかし、買ったはいいが、管理の大変さに音を上げてしまう人が続出することになってしまった。

たしかに、暑い夏に涼しいリゾートで過ごす時間は、心地良いものです。しかし、私の結論はシンプル。「シェア」で買えば十分、でしょう。

メンテナンス自体を楽しめない人は、かえってリゾートを荒らしてしまうことになりかねないのです。

リゾートに別荘（セカンドハウス）を持つというのは、欧米では、長いバケーション中に現地でのコミュニティを楽しむ、という利用が主流です。

家族は最低一回二週間ほど滞在して、忙しいお父さんだけがあとから来て一週間滞在する、というのが一つのパターン。親しくなった家族同士で、子どもも同じような世代なら、「では一緒に別荘で過ごしましょう」と交流することになる。夫婦同士、あるいは家族同士で交流するのが、別荘地でのマナーです。

ところが、日本の場合は休みが短いから、下手をすれば二泊三日の滞在になってしまう。長くても、まず一年に二カ月以上はいませんから、一〇カ月は空き家になります。

メンテナンスは現地の管理会社に任せるのが一般的ですが、冬の間に水が凍って水道管が破裂しないようにする手間や、落ち葉の掃除、空気の入れ換えだけでも大変です。

かつて団塊世代の方々が、欧米風セカンドハウスのライフスタイルに憧れて、軽井沢や八ヶ岳に別荘を持ちました。ところが、みな六五歳以上に高齢化してくると、そんなに頻繁には訪れません。渋滞の中、車を運転して行くのは苦にもなります。病気にでもなれば、もっと行けなくなる。別荘地には、そうして住む人や訪れる人のいなくなった幽霊屋敷がどんどん増えているのです。

別荘は、訪れなければ荒れていく。同様に、その集合体である別荘地も荒れる。こうして、放っておくとリゾートが荒れていくという現状の中で生まれたのが、シェアの発想です。

私自身は、父親の関係で八ヶ岳に縁があることから、泉郷（現・ネオオリエンタルリゾート八ヶ岳高原）の貸別荘をシェアで利用しています。

顧客が減ってきたことに危機感を持った運営会社が、かつて数百万円した会員権とほぼ同格の権利がある「利用権」を五〇万円で売り出したのを買いました。

友人にも優先的に利用できる優待券を使ってもらえますし、夏はテニスの合宿を主催して喜ばれています。私たちが会員になっていることで、他のメンバーが、二食付き（これがフランス料理でとても美味しい）で個室露天風呂付きの貸別荘コテージを一人九〇〇〇円から一万二〇〇〇円で利用できるのです。毎年のように三〇名を超える参加があります。

道路を挟んで反対側には、犬連れで利用できる貸別荘群の「わんわんパラダイス」があり、レストランも犬連れで利用可能です。

別荘を持って管理に大変な思いをするくらいなら、ホテルが運営する管理の良いコテージに泊まるほうが、快適です。ましてや二泊三日や、せいぜい六泊七日くらいまでであれば、なおさら。しかも、けっこうな特典付きです。

こうした企画をし、仲間をメールで誘い、コーディネートを請け負って事務局ワークをすると、当たり前ですが、みなから感謝されます。面倒ではありますが、毎年、物語が紡がれていくことになるのです。どこかの旅行会社が主催するツアーに誘われて参加しているだけでは、楽しいでしょうが、強い物語は生まれないし、結びつきの弱い絆になってしまいます。

相続ラッシュの時代が来れば、もっとリーズナブルな価格に

八ヶ岳でよく利用するテニスコート近くのホテルや、かつてよく行った小田原のリゾートホテルでも、まわりは、おじいちゃんおばあちゃんが息子、娘夫婦と孫を連れた三世代ファミリーで一杯でした。

祖父母がスポンサーで、孫とプール遊びをしたり、虫取りをしたりして遊んでいる。リゾートのコミュニティで、他の家族と交流を楽しむような感じはありません。

軽井沢などには、そうした定住型（あるいは夏の長期滞在型）コミュニティがあると聞いていますが、それ以外ならシェアで十分でしょう。

実は、古くからのテニスクラブなども、高齢化で訪れる会員が減っています。だから、若い会員を増やしたいのですが、昔からの馴染みの人たちがどうしても固まってプレーしてしまうので、なんとなく新入りは入りづらい雰囲気が漂ったりしています。

クラブの支配人やコーチのキャラが良くて差配が上手でないと、新しい人が入ってもつ

まらないから抜けていくという悪循環に陥っている、という話も聞きます。

日本中のあちこちで、こうした世代交代がうまく進まないでいるようです。だったら、高いお金を払って仲間に入れてもらおうとするのはやめて、シェアで利用しながらじっくり待っているのがいいと思います。

やがて、団塊世代からの相続ラッシュの時代が来れば、もっと利用しやすいリーズナブルな価格になるでしょう。そして、新入りがメジャーの時代になってから、新たなコミュニティを作ればいいのです。

夫婦や家族で付き合う主義を意識しよう

リゾートでのシェア利用以外にも、日本でもこれからは、夫婦や家族で付き合う主義をもっと意識したほうがいいでしょう。

パーティに行っても、知らない人ばかりなので寂しく一人だけで（楽しいように装って）飲んでいるのは、辛いもの。パートナーと行けば、一人になってしまうリスクは避けられます。体験を共有できるから、お互い感想を述べる機会もできる。

また、家族同士で付き合ったほうが絆が多様化し、タテ・ヨコ・ナナメの関係で結ばれます。子ども同士はすぐ仲良くなれるし、配偶者それぞれも楽しいかもしれない。

夫同士が仕事の関係で知り合ったとしても、夫婦で交流すると、また違った面からその人物の趣向や性格が見えてくるものです。ヨーロッパのように地続きで戦争ばかりやっていた社会では、夫婦が夕食に招き合ったり、リゾートで子どもも一緒に家族で遊ぶのは、リスクマネジメントの一種だったのだと思います。こいつは大丈夫なのか？　信用できるのか？　を見極めるための。

私は二〇一五年秋に還暦記念のパーティを自ら主催しますが、五〇組一〇〇人は夫婦で招待します。日本では、まだこういうマナーが主流ではないので、先駆けとしてやってみようと思うのです。

金言

リゾートは、シェアで十分。
これからますますお買い得になっていく

第15章　「ジャパン」を買う

あなたなりの「クールジャパン」とは何か、語れますか

二〇二〇年、東京にオリンピックがやってきます。

つまりそれは、たくさんの外国人が日本にやってくる、ということ。その時、あなたはどれだけ日本について、外国の人たちに語ることができるでしょうか。もしかしたら、外国人のほうが日本について詳しかったりするかもしれません。

行き先はどこがお勧めですか。日本らしいものは何ですか。何が美味しいですか。どんなものをお土産に買って帰るといいですか……。あなたなら、どこに案内し、何を見せ、何を伝え、何を食べさせ、何を持って帰ってもらうでしょうか。

東京スカイツリーですか？　連れていって何を見せますか。見晴らしだけだったら、ド

バイや上海のほうがすごいでしょう。

温泉ですか？　ヨーロッパにもバーデンバーデンがあります。どこの温泉で、何を体験してもらうのがいいでしょうか。

寿司、しゃぶしゃぶ、すき焼きですか？　でも、あと五年でけっこう世界中に流行してしまうかもしれません。初めての体験にならなかったりして（笑）。

そのほかに、おそらく、いろんな問いかけをされると思うのです。皇居とは何か。相撲のルールとは。漆塗りの器とはどういうものか。陶器と磁器はどこが違うのか。どこのお米がおいしいか。手ぬぐいは何に使うのか。どうして日本の包丁はよく切れるのか……。

相手が「オー、ワンダフル！　これがジャパンなんですね」と（これから五年の間に学習してしまう以上に）感動するような場所に案内し、納得するものを買って帰ってもらえるでしょうか。そのためには、もっと日本人が、日本を知らないといけない。日本の知恵や技術を使わないといけないのです。

答えはありません。大事なことは、あなたなりの「クールジャパン」とは何か、ということ。それをゲットしておく必要があると思うのです。

江戸切子のグラス、有田焼、日本刀、折り紙……

電気釜、電動車椅子、ロボット、短焦点プロジェクター、ウォシュレット……

カワイイ、モッタイナイ、オモテナシ……

京都の舞妓さん、寿司職人、人間国宝……

歌舞伎、浄瑠璃、狂言、相撲、舞踏……


さて、あなたは、どんな「ジャパン」を思い描くでしょうか。あなたなりの「ジャパン」を見つけるためにお金を使うことは、とても意味のあること。それこそ、日本を知るための本や、日本を知るための旅から始めてもいい。

外国人とのより深い絆を生むかもしれないし、同じような発想を持った日本人とのコミュニティにつながっていくかもしれない。いずれにしても、二〇二〇年はやってくるのです。せっかくのキッカケを、絆づくりのために楽しみましょう。

「ジャパン」を考えることそのものが、「物語」を生んでくれる

友人との会話の中で、非常に盛り上がるテーマがあります。

「もしあなたが二〇二〇年東京オリンピックの開会式を演出するプロデューサーなら、日本をどう表現しますか」です。

北京オリンピックは、「数」での圧倒でした。大空を歩く巨大な足跡が実はＣＧだった

こと、子どもの歌声が口パクだったことも話題になりました。しかし、世界の視聴者は、あの演者の「数」に感動を覚えました。会場でガイドする女性たちが、数百人、数千人いるのに、みな同じような美人だったことも驚きでした。

ロンドンオリンピックでは、女王をバッキンガム宮殿に迎えに行った007がスタジアム上空からパラシュートで降りてきて二人で会場に降り立つという、度肝を抜く演出でした（もちろん、スタントマンを使って、でしたが）。

ロンドン・フィルハーモニー管弦楽団の演奏をほどよく邪魔するミスター・ビーン（ローワン・アトキンソン氏）の滑稽な姿は、さながらチャップリン映画を思わせ、英語圏でない視聴者でも十分楽しめました。

最後を締めたのは、ビートルズのポール・マッカートニー。あの「ヘイ・ジュード」を、世界中のテレビの前でいったい何人の人が口ずさんだでしょうか。

ひるがえって日本を考えます。さて中国やイギリスに、どう対抗するのか。日本は、どんなコンセプトを世界中の数十億人の視聴者に訴えかけるのか。スポーツの祭典の冒頭をどう飾るのか。あるいは飾らないのか。

こういうテーマについて、自分のオリジナルな意見を語るだけでも、周囲からは面白がられるでしょう。

金言

日本人は日本を知らない。
日本を知るためにお金を使おう

第16章　「ご近所」を買う

人気の有名店に並んでも、ちっとも面白くない

やれミシュランで星がついた、やれテレビで取り上げられた、と相変わらず店に行列ができているのを見かけるのですが、もうそろそろ、そういうのは卒業しませんか、と私はずっと提案してきました。

なぜなら、みんな一緒を追いかけるのは、発展途上国型だからです。もっと言えば、それでは、思考停止状態になってしまう。

行列などしなくても、おいしいものはいくらでもあるでしょう。そして、みんなが知っている流行りの店ではなく、みんなが知らない「レア」な店こそが、「物語」になるからなんです。

米国でペイパル社を創業しベンチャーの教祖となったピーター・ティールは、こう言っています。ユーチューブ、テスラモーターズ、フェイスブック、リンクトイン、スペースXなどの起業家集団の中心人物です。

「賛成する人がほとんどいない、あなただけが知っている大切な真実が一番大事」だと。

これだと思います。「レアな物語」こそが絆を生み出すのだということ。

私はかつて営業をしていた時代、接待で銀座や赤坂、六本木に行くことに、どうにも抵抗がありました。面白くないからです。みんなで同じような店に行き、同じような店で二次会をやり、タクシーで帰っても、ちっとも印象には残らないだろうなあ、と。

そこで考えたのが、住んでいる町で、近所のお気に入りの店にお招きしてしまうことでした。これは、大きなインパクトがありました。みなさん行ったことがない店だし、素朴だし、おいしいし、なにより落ち着ける。営業の武器になりました。

最後は、自宅でもてなすという究極の接待もさせてもらいました。一時期は、生まれたばかりの赤ちゃんのお披露目付きで（笑）。これなら、他にない印象を残せます。

「レアさ」が「物語」を生むのです。

日本の食は、とにかく地元がうまい。だから、わざわざ星のついた店や、テレビで取り上げられた店を追っかけることはないのです。フランス人の味覚を崇拝する必要もない。

私はパリに暮らしましたから、フランス料理がおいしいことは知っています。でも、ヌーベルキュイジーヌの色彩感覚は日本料理から学んだことは有名ですし、「歯ごたえ」という日本人独特の感覚は、フランス人を始め、外国人は鈍感だと思います。蕎麦のこしのある、なしや、やわらかいものを葱と混ぜて食べるような繊細な感覚です。ラーメンが本家の中国を超えて、もはや芸術的とさえ言える多様性と創作性を見せているのも、日本人特有の素材に対する感性や味覚ゆえだと言えるでしょう。

だから、家の近くの「メシ屋」や「飲み屋」をこそ、胸を張って開拓すべきです。お金をかける価値があります。

たとえば、外国人を私の家のすぐ近くにあるお好み焼き屋「きゃべつや」に連れて行くと、大喜びします。お好み焼き屋というのは、馴染みじゃないと入りにくいですからね。しかも、ローカルな住宅地にあるのが、いい。お好み焼き屋なのに餃子がうまいんです（笑）。大きな鉄板で焼くから、家ではまねできない焼き具合になります。親父さんの腕はフランス仕込みで、お母さんはジュエリーデザイナーという変わり種のお店です。良いキャベツが入る時期は、おひたしが絶品で、ワインもいけます。

そして究極は、やっぱり「家メシ」でしょう。あなた自身が料理を作ってもてなす。難しいものを作る必要はないのです。新鮮な素材を使って、できたてを出すだけでいい。

日本のコンビニ弁当やファストフードは、ある意味、味の頂点を極めています。コンパクトなブレンド（料理の編集）にこんなに投資している国はないでしょう。買ってきて混ぜたり、炒めたりするだけでいいような半調理素材やソースも、日本は本当に豊富です。そういうものを買ってきて、キッチンやダイニングで、作りながら食べながら語らってもいいと思うのです。

だから、家を建てたり、借りたりする時には、ホームパーティがしやすい家を選ぶのも一つの選択です。

街の物語を買い、新たな物語の増殖に出資すべし

ワインにしても、有名な銘柄にキャアキャア言う時代は、とっくに去ったと思います。自分が飲んで、おいしいと思ったものを飲めばいいんです。

やれどの銘柄が人気だ、どのシャトーが買いだのと、相場のことをあれこれ言うような品のないことはやめましょう。そんなことはプロに任せておけばいいのです。好きなモノは好きでいい。

私はパリで一年間に二〇〇本のボルドーワインを飲みました。ほとんど「ポムロール」と「サンテミリオン」という、日本では高級銘柄です。でも、現地ではスーパーで二〇〇

○円しなかった。日本に戻って来てから、同じように安くて味の良いワインを探しました。そして出会ったのは、フクロウのマークの「ミティーク」というワインでした。あの「カクヤス」で一六〇〇円くらい。最初に手に取ったのは、デザインがシンプルでお洒落だったからでしたが、これがうまかった。後に賞を取ってすっかり有名になりましたが、その時は「ざまあみろ」と思ったのを覚えています（笑）。

最近では、シャンパンの代わりに飲んだ日本のスパークリングワイン「勝沼の泡」もよかった。

「ご近所」で意識すべきなのは、食関連のことだけではありません。隠れたスポットが、世界的に注目されていることもありますから。

例えば、奈良市に住んでいる読者はご存じだったでしょうか。東大寺、興福寺、法隆寺、薬師寺があるだけでも大変なことですが、細川護熙元首相が政界引退の直後に入門した焼き物の雄、辻村史朗氏の工房には、世界中から富裕層が訪れていると聞いています。しかも、関西空港経由でヘリに乗ってやってきているらしいです。

埼玉県入間市には、石坂産業という会社があります。かつてダイオキシン問題の風評被害で大騒ぎになった時、住民みんなが「出て行け！」と声を上げた産業廃棄物処理業者ですが、この会社は一味違っています。

今や経済産業大臣は見に来るわ、総理大臣には呼ばれるわ、トヨタやＡＮＡも見に来て、滝川クリステルさんも感動する。何をしている会社かは社長の石坂典子さんの『絶対絶命でも世界一愛される会社に変える！』（ダイヤモンド社）に詳しいのですが、産業廃棄物処理業者が、裏の里山を借りて大規模な公園として甦らせるようなプロジェクトまでやっているのです。

「灯台下暗し」と言いますが、埼玉県のみなさんはご存じだったでしょうか。

私の住む杉並区永福町駅の上に、「啓文堂」という書店があるのですが、拙著『坂の上の坂』（ポプラ社）の刊行時には、ここのアルバイトの書店員さんが「この本は、この街に住んでいる藤原和博さんが自宅で書きました」とＰＯＰに書いてくれました。会ったことはないのですが、気が利いてるなあと思いました。この書店は、私がよのなかを探る定点観測のために、定期的に訪れる書店でもあります。

街には必ず、歴史的、文化的、そして現代的な物語があります。

物語を買い、そして新たな物語の増殖にこそ、力を貸すべきなのです。あなた自身が参加して、街の物語を進化させてください。

セキュリティにお金を使う

身近というところで、もう一つ私が意識すべきだと思っているのが、安全、セキュリティです。

「絆」の核は家族ですが、その周りを固めているのは地域社会というコミュニティです。警備会社の宣伝ではありませんが、その家族やコミュニティの安全を守るセキュリティは大事ですよね。

先にも書きましたが、私が自宅を新築した当初、ガレージには古いブルーバードが置いてありました。それもあって、イタズラをされることもなかろうと気にしなかったのですが、ジャガーに乗り換えた時に、やはり監視カメラはつけたほうがいいだろうと考えました。

そもそも新築時の私の安全思想は、警備会社に頼るのではなく、物理的な安全を確保することでした。窓ガラスをすべて三層のものにしてあるのです。『人生の教科書［家づくり］』に詳しいのですが、防犯ガラス「ソルーシア」を使っています。

金槌で叩くと外側のガラスは簡単に割れるので、空き巣に入ろうとする人にはケガをしてもらいやすくなっています。しかし内側は二枚の間に樹脂が入っているので、一五分叩いてもまず割れない。玄関のドアにはめ込んだガラスまで、全部そういう仕様にしてあります。

ちなみに雨戸はありません。雨戸に投資するなら、ガラスに投資したほうがいいからです。最も恐ろしいのは、雨戸を閉めたままの室内に不審者が入ってきて仕事をされてしまうことです。そうなると、外からはまったく見えない。だから、分厚いカーテンもつけていません。内側に光を遮光するだけの薄い特殊な繊維のカーテンだけをつけているのです。

しかも、犬を外で飼っていて、見知らぬ人にはけっこう吠えます（笑）。

車を買い換えた時、勝手口側のセキュリティがちょっと甘いかなという思いもあったので、人感センサーで灯りがつく装置とともに、結局、常時録画タイプの監視カメラも設置することにしました。

お金で買える安全には、きっちり投資しておいたほうがいいでしょう。ベースになることですから。

金言

本当にいいものは、どこか遠くにあるのではなく、ごく近い場所にある

第17章 「スポーツチーム」を買う

一気に集中してやらないと、スポーツはうまくならない

杉並区立和田中学校の校長を退任して以降、私にはたくさんの「居場所」となるコミュニティができました。東日本大震災との関わりなどもありましたが、新たなコミュニティづくりに一役買ってくれたものがあります。それが、校長を辞めてから始めたテニスです。和田中のテニス部のOG会とその保護者の集まり、大学のテニス部との交流、合宿仲間など、テニスのコミュニティだけで、五つくらいできています。

どうしてそんなにコミュニティができたのかというと、テニスにお金をかけたからです。一気にうまくなろうとしたのです。

冒頭のキャッチには「チーム」を買うとしましたが、これは何十億円、何百億円も払っ

てサッカーチームのオーナーになるということではありません。そのスポーツを同好する人々が集うコミュニティに出資するという意味です。のちに語る「賑わい（コミュニティ）」を買う、のスポーツバージョンだと考えて下さい。

そもそもなぜテニスだったのか。

和田中の校長になった時、少しはラケットを振れた私は、女子テニス部のコーチとして迎えた、もともとミュージシャンの深田悦之さんとともに、よく部活に顔を出していました。ただ、その時一抹の不安がよぎったのは、もし彼女たちが高校に進んで真面目に三年間テニスを続け、OGとして戻って来た時には、おそらくコテンパンにやられてしまうだろう、ということでした。

本気で負けるのであればいいけれど、おそらく教え子ですから手加減をしてくれる。そうなったら、こちらは、ものすごく傷つくわけです（笑）。

それで、彼女たちが高校に行ってテニスを続けても楽しく打ち合える技術を持ちたいな、という思いを抱いていました。それが最大の動機です。

前に長男が中学校でテニス部に入部したとき、休みの日にテニススクールに通いたいというので、週に一度くらいならいいかなと、私も一緒に通ってみたことはあったのです。

ところが、全然うまくならない。この時にわかったのは、とにかく集中してやらないとテニスはうまくならない、ということ。

だから、校長を退任して時間ができた五十二歳の春、二カ月間ほぼ毎日二レッスン入れて、計一〇〇レッスン受けることを決断しました。二カ月間、集中的にやってみたのです。

テニスというのは、中級者にならないとダブルスでやるゲームが楽しくなりません。言い換えれば、サーブが入る状態と言ってもいいかもしれません。そうでないと、「すみません、すみません」の連発になってしまう。こうなると、うまい人と組んだ時にものすごく遠慮するようになってしまうのです。

サーブがちゃんと入り、四、五回のストロークが続き、ボレーで点が取れる。この三つの基本動作ができないと、やっていても面白くなりません。相手も面白くないだろうし、自分のほうも申し訳ないだけで、つまらない。

実際、中級者になると、周囲から一気に誘われるようになります。コートを取ったので一緒にどうか、と呼ばれるわけです。みんな、自分とどっこいどっこいか、よりうまい人とやりたいから。そうすると楽しくなる。テニスがしたくてしたくて、たまらなくなる。

私と長男が始めたテニスでしたが、やがて次男も始め、長女もテニス部に入り、とうとう妻も始めることになりました。妻は、最初はうまくいかなくて、「素質がない」と諦めてやめてしまったこともありましたが、だんだんと変わっていきました。

家族みんなでテニスをしますし、リゾートのコミュニティでテニスをすることもある。そうすると、テニスをやらないと手持ちぶさたになってしまうのです。

幸運だったのは、一緒にやっていたコミュニティが良かったことです。みんなが優しい人たちだった。「いいのよ、いいのよ」と受け止めてくれて、徐々にうまくなっていくことができた。これが、「なんなの、キッ」みたいな感じの人たちの集まりだと、戦うことや勝つことが主眼になるので、やさしく受け止めてはもらえないわけです。まあ、そういう人の集まりには行かない、そういう人は呼ばない、ということも大事になってくるわけですが……（笑）。

あくまでも、みんなで楽しむという空気のコミュニティに加われたことが良かった。

英語では「Just for fun」という言い方をします。日本人の場合は、ついつい体育会系のノリが強くなって、スポーツという手段が目的化しがちですね。学生時代はそれでいいし、アスリートはそうでなければいけませんが、アマチュアスポーツで、特に社会人が楽しむものはそればかりでは困ります。

妻も今はもう、楽しくてしょうがない段階に来ています。テニスの予定がある日は、朝からワクワクしながら仕事をしています。

テニスで生まれたコミュニティが、仕事も生む

スポーツを楽しむためには、ガッと集中してやることです。そうでなければ、なかなか中級までいけない。私は校長を退任していたので、日中を使って集中的にテニスを教わることができましたが、会社員でも、夜を使って集中的に行くのは可能だと思います。夜のレッスンコースがあるクラブも、たくさんありますから。

そしてプライベートレッスンを効果的に使うことも大切です。これをやらないと、テニスの場合はサーブがうまくならない。一〇〇レッスン通った私が言うんですから間違いないのですが、スクールでサーブがうまくなることはありません。そんなに時間がかけられないからです。

プライベートレッスンには一時間五〇〇〇円から一万円かかりますが、とにかくケチらず、集中的にお金をかけることが大切です。そうすることで、一気に上達できる。うまくなって楽しくなったら、あの投資は安いものだった、ということが分かるはずです。

私はリゾートテニスクラブを一泊二日で予約して、コーチご夫妻を招いて教えてもらったこともあります。宿泊代も食事代も払ってしまうのです。これなら、遠慮なくテニスが

できる。コーチにもリゾートでテニスを楽しんでもらえます。とてもいいお金の使い方だったと思っています。

また、テニスのコミュニティの中に明治大学のテニス部とつながりのある人がいて、彼らの練習が休みの日に、遊んでもらったりするようになりました。全日本室内チャンピオンや大学ランカークラスですから、テクニックとしては話にならないのですが、これは目の前のボールを追うだけで興奮します。

その代わり私はキャリアに関して学生たちに講演したり、時には焼肉をごちそうしたりします。こういうギブ・アンド・テイクのウィン・ウィン関係もあるんですね。卒業すると、いろいろな会社に就職していきますから、ここからまた講演の話をもらったりして、驚くような広がりも作れています。コミュニティでの絆が、仕事の人脈につながることはよくあること。これも、テニスを始めたからこそです。

あるテニスのコミュニティから誘われているのは、夏の時期にハワイでコーチに習いませんか？　という初の試みです。みんなでハワイに行って、テニスのコーチングを受ける。日本よりはるかに安いらしいのです。

私にはゴルフよりも、テニスのコミュニティのほうが合っていたようです。偏見かもしれませんが、ゴルフは個人技の競技、基本的に一人でスコアの勝負をするものですが、テニスを楽しむのはダブルスが基本で、コミュニケーションが生まれるところがいいと思うのです。
ただし、かなり足を使うスポーツで、上級者の方々は、テニスでなく「足ニス」なんだとよくおっしゃいます。

金言

スポーツや楽器は、集中投資で一気に上達しないと面白くならない

第18章 「賑わい（コミュニティ）」を買う

「賑わい」を演出できる人のまわりには、いつも人が集まる

何か面白いことはないか。面白いところはないか。お金を使いたくても、たいして欲しいものもない。クローゼットもパンパン。でも、旅行に行くような時間はない……。

そんな人も少なくないかもしれません。

そこで私の提案は、誰かがしてくれることを待ったり、誰かが作ったものに関わったりするのではなく、自分でやってしまったらどうですか、ということ。

おきまりの、おざなりの消費をすることではありません。あなただけの体験を自分からとりにいく。そうすれば必ず、そのアクションが「物語」を生み、新しい人たちとのつながりを生みだします。

新しい「つながり」によって、あなたの脳の回路が組み替えられますから、あなたは、新しい感じ方をする人に生まれ変わるでしょう。

子どものころは、学校で、何らかの知識を先生から受動的に習うのが習慣だったと思います。でも、自らが主体的に学び取る「アクティブ・ラーニング」こそ、大人の勉強法です。

さあ、今日から一歩踏み出しませんか？

例えば、すでにシャッター通りと化している地元商店街の一角を借りて、何かのイベントや店を自分でやってしまう、なんていうのはどうでしょうか。

子どもたちに面白い遊びを教える場でもいいし、勉強を教え合う場でもいい。高齢者が趣味を披露する場にしてもいいし、囲碁や将棋を指せる場所でもいい。フリーマーケットの場所にしてしまってもいいでしょう。

子どもや高齢者、近所の人たちのたまり場をプロデュースするためにお金を使う。これはとてもお洒落なことだし、賞賛されると思います。昔の言葉で言えば「粋《いき》」な計らい。

自ら「賑わい」を作る、主体的な働きかけです。

廃校になった学校の一部を借り受けて、そこをＳＯＨＯの事務所として使ってしまうとか、古い家屋を改装しシェアハウスに模様替えして新しいタイプの管理人をやってみるとか。借家人を面接して、オモシロイと思う人間を集めてしまう手もありますよね。

そこまで行かなくても、いろいろなジャンルの人を集めて飲み会を企画する、スポーツの合宿を企画する、ホームパーティを企画する、婚活イベントをやってみる……などなど、いろいろな「賑わい」を演出できる人のまわりには、いつも人が集まってきます。

もし、自分のためのパーティをするなら、参加者から会費を集めてやる、というのはありふれていると思います。そもそも自らの記念を祝う会で、他人にお金を払わせるのは、いかがなものでしょうか。いっそのこと自分で全部費用を持って、招いてしまうというのはどうでしょう。

私の場合、一九九八年の暮れに企画した『人生の教科書［よのなか］』の出版記念パーティでは、自らの印税を使って一五〇人ほどのお客様を招き、五冊の既刊本を展示しました。第16章で書いた大好きなワイン「ポムロール」でもてなして、最高級品も一本だけ空けました。

二〇一一年に出した『坂の上の坂』では、ポプラ社が経営する本社ビル一階のイタリアンレストランを会場にして、それまでお世話になったすべての出版社の編集者も呼んで祝賀会を行いました。パーティの前に、私の講演のショートバージョンを四五分間行い、一五年間に出版した書籍が累積一〇〇万部を超えた報告と、売れ筋ベスト10の発表もしました。

私の人生を楽しく導いてくれた友人を夫婦を中心に招いたのですが、もちろん、こちらの招待です。物語をともに紡ぎ合った人たちに失礼はできません。乙武洋匡さんや勝間和代さんなど長いお付き合いの友人や、懐かしい先輩、元上司にも再会できました。

この時も同じようにワインを振るまい、そして私が関わっているプロジェクトを、「チーム藤原」のメンバーとともに紹介しました。プロデュース中の腕時計「japan」シリーズやコーポラティブハウス「羽根木の森レジデンス」、被災地雄勝の復興計画などなど。「チーム藤原」のミニ見本市のような場になりました。

自分の人生と出版活動の中間決算でしたから、妻も母も招き、母には挨拶もしてもらいました。

自分ですべて支払うからこそ手に入れることができる満足感や幸せ感もあるのです。

自分の興味関心領域で、ほぼ無条件で受け入れてくれるコミュニティを

これまでも書いてきましたが、こうしたコミュニティづくりこそ、私は「中くらいの幸せ」のために最もふさわしいお金の使い方だと考えています。

コミュニティを形づくれない人は、寂しい人生を送ります。お金がいくらあっても、です。

人間は一人では生きられません。

まず家族に守られ、次に社会的な中間集団に属して「役割」を担う必要がある。人間は社会的動物だからです。その中間集団こそ、コミュニティです。

ところが、その家族が核家族化、少子化によって「集団」と呼ぶには心許ないものになってしまった。一人親も「お一人様」世帯も増えている。家族がいても、成熟社会では結局一人ひとりがバラバラになっていく運命にあるのです。いっぽう、コンビニや電子レンジの普及で、必ずしもみんな一緒に食事をする必要がなくなりました。一人ひとりがバラバラに食べる「個食」が可能になり、さらに寂しく「孤食」する人が増えています。

この流れをつかむために、コンビニは今、おにぎりだけではなく、おでんやおかず、コーヒーやケーキ、ハンバーガーやフライドチキンにも力を入れ始めました。さらに、温めてその場で食べられるイートインのスペースも増えています。

子どもがいる家庭でも、子どもたちに個室を与えケータイを持たせれば、それはもうホテル暮らしをさせているのと大して変わらないということに気づいておく必要があります。

居間にいても、お父さんはテレビ、息子はゲーム、娘はスマホでＳＮＳ、お母さんは誰かとメールしている。そんな姿が日常的です。集まって家族団らんをしているように見えても、一人ひとりはバラバラな日常を送っているのです。

日本の戦後は産業主義で復興がなされました。企業を肥やすことで経済復興を図ったのです。そのために、日本全体で、会社を最強のコミュニティと見なして大事にする風潮が広がった。だから、逆に地域社会が後退し、家族がバラバラになることを防げなかった事情もあります。

欧米でも、家族には同じ現象が起こりましたが、日本とは違うところが一つありました。それが、教会というネットワークです。宗教コミュニティが、経済社会で一人ひとりがバラバラにされてしまう運命の人間を、再びつなぎ止める役割を担ったのです。

ところが日本では、太平洋戦争の不幸な歴史ゆえに、神社がこの役割（家族に代わってバラバラになる個人をつなぎとめる接着剤の役割）を果たすことは、表向きできませんでした。

時代が加速し、バラバラ化がどんどん進んでいったのですが、個人の幸せ感を置き去りにしながら、科学技術はそれでも進展します。

やがて、バラバラになる浮遊感や孤独感から救われたい、と若者たちはケータイメールへ、そしてＬＩＮＥやツイッターやフェイスブックなどのＳＮＳでつながろうとするようになりました。ＳＮＳの世界に抱かれることで無理矢理バーチャルな友人を増やし、カラオケルームでは歌詞に合わせて「絆、絆が欲しい！」と叫んでいる。

しかし、本当はメル友やバーチャルな友人がいくら増えても、SNSによって「つながったフリ」をしても、その寂しさは根っこのところから癒えはしないのです。

やはり人間には、リアルな空間でのコミュニティが必要です。同じ興味関心の領域で、ほぼ無条件に自分を受け入れてくれる中間集団が。

性格の違う複数のコミュニティに足を突っ込む必要がある

戦後長く、男性にとって安心できるコミュニティとは、会社や役所という「組織」でした。

しかし、現代社会では、その経済組織はグローバル化の波にさらされて変質してしまった。多くの組織は、従業員第一ではなく、株主（つまり資本家）第一の姿になってしまったのです。

会社が安住の地という共同幻想が崩壊し、組織は個人の本当の居場所にはならないことがバレてしまいました。若い人たちにとっては、そもそもずっと同じ会社に属することは、もはや当たり前ではありません。それどころか、お父さんたちの態度の変わりようを見て、子どもたちもう、そのことに気づいているといっても過言ではないでしょう。

だから、居場所としてのコミュニティを確保することは、個人の人生にとっての死活問題になってきている。

癒される場所が欲しいんです。組織のブランドやタイトル（肩書きや役職）で語られるのではなく、自分のキャラで素直に勝負できる場所が。企業のように、上昇志向を無理に発揮しなくてもいいところ。かといって、学校のように同調圧力が強すぎないところが。時に「やってみなはれ！」と背中を押してくれる時もあるし、無謀な試みを応援してくれることもある世界。負けて帰れば、慰めてくれる仲間たちがいる。

そういう中間集団に守られていなければ、家族がバラバラなことをするようになり、会社組織にも守られていない個人は、人生に対する自信も勇気も持ち得なくなります。

日本の子どもたちの自己肯定感（セルフ・エスティーム）が低いのは、大人たちの自信のなさの反映です。子どもに起こる現象は大人社会の鏡ですから。自己肯定感とは、「自分は大丈夫、ＯＫだ」「自分の未来は明るい」「いまの自分のままでいい」という感覚のこと。

コミュニティにおける「ナナメの関係」が豊かなほうが、大人も子どもも、「I'm OK!」感が強くなるのです。

だから、コミュニティという中間集団に属することが大事です。それも、いくつかのコミュニティに属することです。どこかでボタンの掛け違いによる人間関係のズレが生じたり、仲間はずれになるようなリスクをヘッジするためにも、種類や性格の違うコミュニティを複数渡り歩き、首を突っ込む必要がある。片足や小指だけでもいいのです。そうすれば、歳を取っても、けっこう無謀なチャレンジが許されることになります。人生の中盤から複数のコミュニティでの生活をスタートさせ、育てていくことが大切です。

スポーツでも楽器でも仕事でも、一万時間をかければ一人前になれると言いますが、そうしたいと思える興味関心ごとを、しっかりお金をかけて作っておく。それが、人生後半への保険になります。

一万時間と言えば、五年から一〇年。長いと思われますか？

逆に言えば、まったくの素人から始めても、五年から一〇年でマスターレベルに達するということ。そのコミュニティで一人前になれるのです。リスペクトも得られるでしょう。コミュニティでの生活を「山」に喩えれば、裾野から始めても五年から一〇年で山の姿にできるということ。ですから、山の高さはそのコミュニティで育んできたコミュニケーションの量の蓄積であり、山の豊かさ（植生や緑の豊かさ）は、育んできたコミュニケーションの質ということになります。

実のところ「人間の品格」は、会社組織で育てるものではなく、権力が行使できない、利害の絡まない、上下のないコミュニティで磨かれるものだと私は思います。

だから、人生の後半戦の豊かさは、その人が育んできたコミュニティの豊かさで決まると言っても過言ではないでしょう。ようは人生の賞味期限を如何に延ばすか、ということです。賞味期限の長い生き方になら、一万円から一〇〇万円単位のお金をかけても損はないと思うのです。

コミュニティをいかに作るかが、人生後半の豊かさを決定づける

私の場合は、主軸の仕事は今も変わらず「義務教育改革」です。

先にも触れましたが、日本の教育現場の授業スタイルを「一斉授業」から、どのように個別習熟度別に向けて脱皮させていくか。これがテーマ（主旋律）。

でも、その右横と左横に、四つくらいのサブ・コミュニティ（副旋律）を走らせていいます。鉄道のように、主線と複線で、人生を（単線的にではなく）複線的に生きていると表現してもいいかもしれません。

再び、山に喩えれば、「富士山型一山主義」ではなく「八ヶ岳連峰型」。人生三〇代から五〇代の仕事盛りを終えたら急にシュンとして、あとは下りていくしかない生き方ではなくて、豊かに山を連ねて、コミュニティを乗り換えていく生き方です。

目下、私の人生は、「義務教育改革」の主峰を登りながら、この四つの山の裾野を人生の後半に向けて着々と作っているというイメージです。

ちなみに、四つの裾野をそれぞれ、ご紹介しておくと……。

（1）テニスコミュニティ
先にも少しご紹介しましたが、テニスだけでも、向陽中学校の日曜&平日コース、祖師谷公園の仲間たち、大正セントラルの仲間たち、明治大学テニス部の学生たち、和田中のOGとその親たちと、五つのコミュニティに関わっています。

（2）被災地支援のコミュニティ
石巻市雄勝の復興をサポートするチーム立花の応援団長として、後方支援活動をしています。先にも紹介したように「エンジン01文化戦略会議」の林真理子さんや三枝成彰さんなど多くの仲間を、ここにつなぎました。

なお、この二つは夫婦で動くコミュニティ活動になっています。夫婦で同じ裾野から登っていることになります。

・「富士山型一山主義」の人生

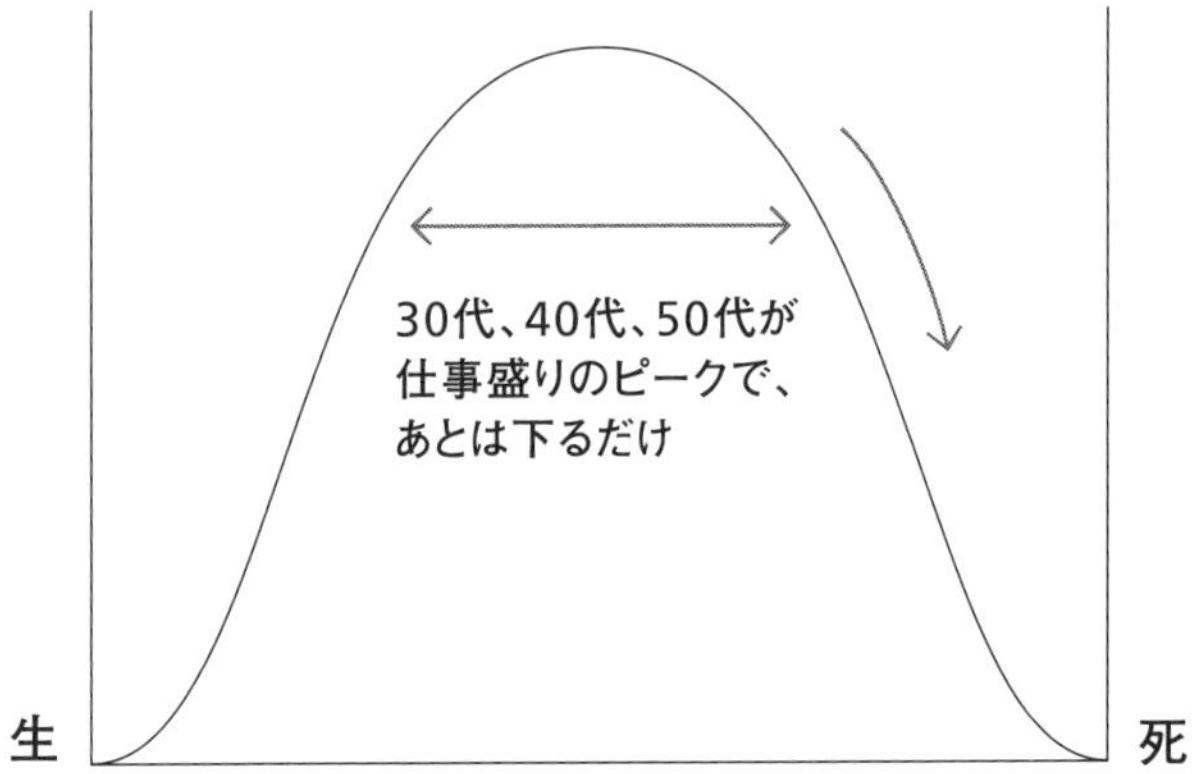
30代、40代、50代が
仕事盛りのピークで、
あとは下るだけ
生
死

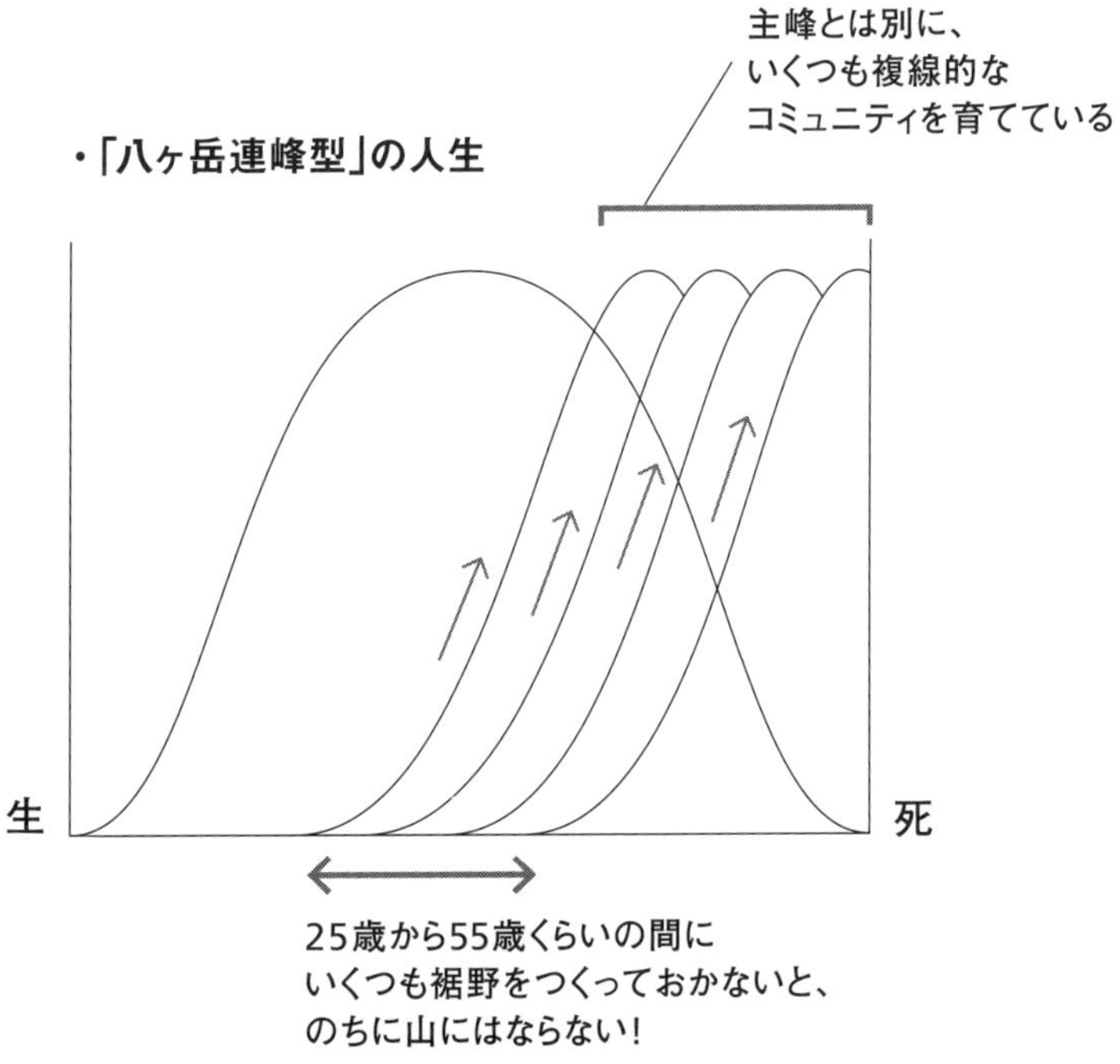
主峰とは別に、
いくつも複線的な
コミュニティを育てている
・「八ヶ岳連峰型」の人生
生
死
25歳から55歳くらいの間に
いくつも裾野をつくっておかないと、
のちに山にはならない!

（3）藤原和博のデザインワークを商品化するコミュニティ

腕時計「japan」シリーズや「大人のランドセルEMU」の開発など、組織を製造販売元として味方につけながらインディペンデントに仕事をするネットワークです。

（4）「エンジン01文化戦略会議」「G1サミット」などのコミュニティ

文化人・知識人という言葉は好きではありませんが、前者は、インディペンデントに活躍する一流の作家や芸術家たちとの大変刺激になるコミュニティです。後者は、四〇代前後を中心として、本当の意味で日本を動かしている起業家、政治家、研究者たちとのコミュニティです。定期の審議会や異業種交流会のようなものに参加することが嫌いな私も、この二つだけには嬉々として参加しています。

活動内容としては、「エンジン01文化戦略会議」の教育部会では、林真理子部会長のもとで月一回の食事会をして出張授業の計画を練ります。その他には年に一回のオープンキャンパスが地方都市で開かれます。「G1サミット」はビジネススクールを展開するグロービスの堀義人代表の類い稀な仕切りで、年一回、二泊三日で日本版ダボス会議とも呼ばれる集中的なセッションが開かれるのです。

この二つについては、いくらお金を払っても価値があると思っています。とくに「G1サミット」では交通費を含めると一〇万円から三〇万円ほどの出費になることもありますが、話の中身が濃いので情報ソースとしても本当にありがたい。しかも議論の中味はオフレコなので、意外なホンネが飛び出したり。

私の本業に関わるイノベーションも、このネットワークから生み出されることがあります。サブ・コミュニティの裾野を豊かに育むことが、本業である主峰を高め、強化していくことにもなる好例です。

たとえば、第11章でも触れた佐賀県武雄市の官民一体校「武雄花まる学園」（武雄市の公立校が花まる学習会のメソッドを大胆に取り入れて、和田中の前校長である代田昭久・武内小学校長が経営する）が二〇一五年四月にスタートしましたが、このお見合いは「G1サミット」で樋渡啓祐・武雄市長（当時）と一緒に朝食をしたことが契機になりました。「G1サミット」では、ほかに、星野リゾートの星野佳路社長、奈良市の仲川元庸市長、その奈良市出身で教育改革にともに協力したソフィアバンクの藤沢久美さんなどとも戦友になれました。

仕事を通じて「戦友」になるのが楽しいのです。飲んで騒いでいるだけでは意味がないと思っています。

自分のお金で、年に一度は「賑わい」を作ってみる

どうすればコミュニティが作れるのか、ということをよく聞かれます。

もちろんコミュニティに入れるだけの準備を常日頃からしておくことも大事になりますが、一方で、自分のお金で、年に一度は「賑わい」を作ってみる、という覚悟が必要ではないかと思うのです。

つながりは価値を生み出します。自分だけでなく、周りの人にも。

私が「そっくりさん」とささやかれている歌手のさだまさしさんは、「天までとどけ」の歌詞でこんなふうに歌っていらっしゃいます。

出逢いはいつでも　偶然の風のなか
ふれあいのかけらが　人生を変えていく

あなたが作った「賑わい」をきっかけに、人生が変わる友人が出てくるかもしれない。いや、たとえあなた自身が気づかなくても、「つながり」は必ず参加者の脳のコードを書き換え、新たな価値を生んでくれます。一種の化学変化が起きるのです。目には見えないＤＮＡの組み替えのようなものとして。

なかには、一生、感謝してくれる人も現れるでしょう。それが、コミュニティでいつも「懐かしい」と思われ続ける人になる一番の近道です。

何かをしてもらおうとするのではなく、自分に何ができるのかを考える。そういう発想は、どこでも歓迎されるはずです。

それでも、コミュニティがうまく作れない、コミュニティにうまく入れない、という人もいるかもしれません。何が悪いのか。たぶん、組織のブランド（会社名）やポジション（地位や役職）で勝負するクセが抜けないのかな。会社員、とくに男性は、本人がそのことに気づいていない場合が少なくありません。

上司として部下が自分についてくるのは、自分の人間力があるからだと勘違いしている人たちです。組織は上司に「人事権」と「予算権」を付与しますから、半分以上はその「権力」の保証があって部下は命じられた仕事をしているのだ、ということ。この基本に気づいていていない。

組織におけるマネジメントには、「オレの言うことを聞かないと飛ばすぞ！」とか「これをやり遂げたらボーナス一〇万円アップね」とか、たとえ直接口には出さなくても、無言のプレッシャーがかかっているのだということ（しかも、やりすぎれば「パワハラ」になる）。

それを忘れてはならないのです。

「上から目線」が抜けない人には、コミュニティは作れません。そうした上司癖が抜けないのは、ある意味で、「権力構造」の犠牲者なのかもしれませんが。

特別養護老人ホームで働くヘルパーの間では暗黙の常識なのですが、ある種の認知症の患者の割合が多いのは、元教師と裁判官。なぜかと言えば、この二つの職種は、自分が全知識を支配していてそれを下々に下ろすのが仕事だと考えているからではないでしょうか。

会社名や役職で自分を語るのではなく、自分のキャラをコミュニティの中でうまくプレゼンできる人、つまり、「名刺で勝負していない人」がコミュニティに受け入れられるのです。

金言

自分のお金で年に一度は「賑わい」を作ってみよう。つながりが価値を生む

終章　みんな一緒の幸福論から、一人ひとりの幸福論へ

椅子がしゃべるようになる時代に、求められること

日本人はこんなに豊かな社会に生まれているのに、どうも幸せを感じられないようだ……。冒頭でこう書きましたが、それは当然のことかもしれません。

豊かになっていくプロセスでは、確かな幸せを実感できたのです。しかし、時代は変わり、同じことをしても幸せ感が味わえなくなってしまった。先にも書いたように、途上国型から成熟国型への移行期にあるからです。

途上国型では、経済全体が膨張していく過程で、私たちはみな豊かさを実感できました。しかし、同時にだんだん考えないでも生きられるようになっていきます。テクノロジーによって生活がどんどん自動化されてしまうからです。生きている実感が薄くなる現象。

成熟社会の怖さはそこにあります。
どうしてなのか。

すべてのものが、とんでもなく便利になってきていますよね。コンビニに行けば、二四時間いつでも一言も話すことなく欲しいものが買えてしまう。この「超」のつくほど便利な社会では、極端な話、黙っていても暮らしていける。

環境の側にどんどんチップが埋め込まれ、インテリジェンス化が進んでいます。そのうちエアコンは「この温度でよろしいでしょうか？」と問いかけてくるようになるでしょう。実際、部屋に入ったとたんに人感センサーが感知して、そちら側に風を向ける機能はもう実現しています。

自動販売機がしゃべり、エレベーターがしゃべり始めた。これは講演でよくウケる話なのですが、もうすぐ椅子がしゃべるようになると思います。座ったとたん、「このくらいの高さでよろしいでしょうか」なんて、ね。センサーとチップを組み合わせた技術で、あるいは人工知能を使って、人間の希望や行き先を先回りして検知し、自動的に「おもてなし」してくれるマシンが街にあふれることでしょう。

そうなると人間は、ますます考えないように、流されるようになります。相手がインテリジェンスを持って推測してくれるのですから。

実際、私たちは気づいていませんが、コンビニの陳列棚だって、計算されて置いてあるのです。例えば塾のそばにあるコンビニだと、塾帰りの子どもたちが買いやすいように、その目線の高さで、入ってすぐのところに子ども用の健康ドリンクがバーンと並んでいたりする。

あるいは、この商品を買う人はあの商品も買うというアルゴリズムで組み合わせが行われ、商品が陳列されている。これこそ、一年で七割の商品が入れ替わると言われるコンビニの魅力の秘密なのです。

実際には、半分は「買わされている」ということ。しかし、それに気づいてはいない。コンビニだけではありません。お腹がすいていなくても、牛丼やハンバーガーの看板を三つくらい見せられたら、あなただって小腹がすいてくるでしょう。

ようするに、情報社会というのはそういうものなのです。

便利なほう、便利なほうへと社会が向かっていく。これは止められません。壊してまわることはできないし、嫌なら「森の生活」に戻るしかない。

そんな超便利社会では、居心地がよくなればなるほど、自分から働きかける必要がなくなりますから、私たちは「生きるチカラ」を退化させていくことになります。

これは研究で明らかになっていますが、百パーセントエアコンで管理された部屋で育てられた赤ちゃんがどうなるか。発汗機能が低下して、自分の体温の調整機能を失っていきます。それと同じことが私たちにも起こっている。

しかも、じわじわ来ているから気づかない。

これが成熟社会です。

モノを買うことだけが幸せだという呪縛

ただ、私たち中高年世代には、一つ若者との違いがあります。それは、不便だったころの生活を知っている、ということ。

今の子どもたちは、いきなりこの環境の中に生まれてきている。便利な世界、居心地のいい世界、モノに溢れてスキマがなかなか見えない世界。こんなところに放り込まれたら、何をやっていいかわからないという気持ちを抱くのは無理からぬことでしょう。いったいどこに自分の居場所があるのか、と。

昔は、スキマがいっぱいあったのです。

さらに、成長社会では、日常の暮らしの中にも未来が見えました。

鉄とコンクリートが見せてくれる未来です。鉄筋コンクリートの橋が、ビルが、高速道路が目の前に立ち上がり、新幹線が、飛行機が、圧倒的なスピードで私たちを運んでくれます。見えやすい未来の技術は、私たちの心を躍らせてくれました。

ところが、今の子どもたちにとっては、未来の技術が全部ミクロの世界に入ってしまい、肉眼では見えません。ｉＰＳ細胞もナノテクノロジーも、チップもインターネットも、先進技術はみな日常的に可視化されているものではなくなった。

夢が、見えないのです。

こうして、若者たちは夢が見えないことに戸惑っているけれど、実は中高年世代もこの罠にはまっているのです。

夢とまではいかないけれど、あと何を買えば、もう少し幸せになれるのかと考える。とりあえずモノを買い足してみる。ブランドを追ってみる。旅行ツアーにも参加する。でも、何かいまいち幸福感が足りないなあ、おかしいなあ……？

あなたも、そんな感覚に支配されているのかもしれません。

これは、一体どういうことなんでしょうか。

結論は、もう、消費者として幸せになることはできないのだと思います。

経済的にある段階に到達してしまい、それなりに消費生活を充実させたあなたには、このまま成長社会型の消費者としてふるまってもいいことはない。

それでも、そういう一つの「型」が染みついてしまっているから、そこから逃れるのはけっこうしんどいかもしれません。

何度でも繰り返しますが、みんなを幸せにするような「型」は、もうなくなっているのです。だから、むやみにモノに追加のお金を払っても幸せになれない。幸せになれないお金の使い方とは、すなわち、「成長社会型」のお金の使い方だということ。そこにはもう、成熟社会の幸せはないのです。

誰かカッコいい人がしていることを真似していれば、自分も幸せになれた時代が確かにありました。ロールモデルがいた時代です。とにかく新製品を手に入れれば、とにかくブランドを買っていれば、とにかく人気のスポットに並んでいれば……それはラクチンな幸せの入手法でもありました。

自分で考えなくてもよかったから。

こうした古い「型」をいまだに守っているのが、日本全体を覆う「正解主義」の呪縛です。「型」＝「正解」。「正解主義」という宗教は、うっかりすると、あなたの全生活を支配します。きちんと正解をやっていないと不安になるあなたには、それが刷り込まれてしまっている可能性があります。

お金の使い方で「いいね！」がもらえたり、自分の使い方に対して五つ星とは言わなくても三つ星くらいには人に評価されたい。そういうことがないと不安になる。

本当はそんなことはどうでもいいのに……。

まずは、その「型」を抜け出すために、この本に書いた一八の方法のうちいずれかを試してみて下さい。きっと、あなたに合ったお金の使い方が見つかるはずです。それがあなたを、成熟社会での「中くらいの幸せ」に導いてくれるでしょう。

もちろん、「型」を破るための「正解」はないから、「正解主義」の呪縛を解くことが先決になります。この本に示された事例も、「正解」ではなく「納得解」の例であり、「手本」ではなく一つの「見本」に過ぎませんから。

あなた自身が自分の価値観に合わせてカスタムメイドしてくだされば と思います。

「振り込め詐欺」は、もしもの時の蓄えという心理につけこんでくる

少し脱線するかもしれませんが、黙って見てはいられないので、世間を騒がせている「オレオレ詐欺」「振り込め詐欺」の話にも触れさせて下さい。

今なお一日平均一億円以上の被害が出ていると言われています。これだけテレビも新聞も金融機関も警察も警鐘を鳴らしているのに、どうしてこんなにもまんまと詐欺に引っかかってしまうのか。断っておきますが、あくまでも騙すやつが最悪で、被害者が悪いわけ

ではありません。

でも、騙されるのには理由があります。「もしもの時の蓄え」という心理が、ターゲットとして狙われたのだと私は思うのです。

「もしもの時」という感覚がミソです。

多くのケースで、騙されるのは母親か祖母です。そしてなりすまされるのは息子か男の孫です。女親は息子や孫がかわいい。だから、「もしもの時」のためにお金を貯めている。詐欺グループは、その心理を巧妙に狙ったのだと私は見ています。「母さん、困った」と電話がかかった時こそ、まさに母親が待ち構えていた「もしもの時」なのです。

だから、「ほら、やっぱり私が思っていた通り、もしもの時が来た」とばかりに、お金を差しだそうとしてしまう。いや、どこかで疑っていたとしても、「息子が会社で恥をかいたら可哀想」とか「万が一でもホントだったら」と母親の深い愛情が心の中で葛藤する。一刻も早く助けてあげたい。その弱みを突かれ、チームで騙してくる。実際に被害にあった方は辛い想いを引きずっていらっしゃることでしょう。

しかし、犯人の卑劣さに対しては、次のポイントを警告せざるを得ないのです。

「もしもの時」のためにお金を貯めていることが、かえって心理的につけ込まれるリスクになってしまうこともあるという事実です。

一つの山を登りながら、次の山の準備をしないと間に合わない

いま一度、断言したいと思うのです。

これからのお金は、「物語」を生み出すことに投じたほうがいいことを。どれだけ「物語」を増殖させ、どれだけ人との絆を豊かにできるのか。これがあなたの「中くらいの幸せ」感を決定します。

コミュニティに加わり、コミュニティを育て、コミュニティの中で「懐かしがられる人」でいるためにこそ、お金は使ったほうがいい。

そして、「賑わい（コミュニティ）を買う」の章でも強調したように、複数のコミュニティに足や手を突っ込み、主軸の仕事とは別に、人生を複線的に生きる努力をするといいと思います。

明治の昔なら、一つの人生で一生を終えることができました。

一つの価値観、一つのコミュニティでもよかった。それは、一九〇〇年代を生きた日本人にとって、人生が四〇～五〇年だったからです。『坂の上の雲』の主人公である秋山真之は四九歳で、児玉源太郎は五四歳で亡くなっています。夏目漱石も四九歳で死んでいる。平均寿命が四〇代だったのです。

それがこの一〇〇年で倍に延びた。八〇代、九〇代まで生きることが当たり前になっているわけです。

そうすると、一つの価値観、一つの人生観、一つの幸福論、一つの会社やコミュニティで一生を終えるのは、至難の業です。

なぜなら、一本筋を通すには長すぎるし、会社も国も最後までは保障してくれないから。さらに成熟社会に入った現代では、価値観が多様化し、社会が複雑になり、変化が激しいからでもあります。

人生を山にたとえれば、あなたが今登っているのは一つ目の山でしょうか。それとも、二つ目の山ですか？

山は登ったら下りていかないといけません。典型例が、会社の定年でしょう。あとは下る一方で何も待っていない。つまり、一つの山にだけ賭けているととても危険だということです。

ところが、一つ目の山が下りに差しかかったら、すぐに二つ目の山に登れる人がいる。関連会社への天下りではなく、新しいコミュニティ活動への参戦です。そして二つ目の次には、三つ目が現れる。これが連続して連山を成していく。人生が連峰のように築かれていくのです。下ったままおしまい、とはならない。まさに、賞味期限の長い生き方です。

一つ目の山を下り始めたら、次の山が誰にでも現れるわけではありません。その山には、ちゃんと登るための裾野が必要なのです。どんな山でも、しっかり裾野があるでしょう。三つ目の山も、四つ目の山も、裾野をあらかじめ作っておかないと、山は現れないということなんです。

だから、一つ目の山（たぶん、今属している会社や役所）を登りながら、ちゃんと次の山の裾野を作っておかないといけない、ということ。組織の山ではなく、新しい「コミュニティの山」を作っておいたほうがいい。

そうでなければ、一つ目の山がジリ貧になったら、人生が終わってしまいます。

私自身、義務教育改革の山を登りながらも、左に二つ、右に二つくらい、サブ・コミュニティを走らせてきた。それが、テニスであり、被災地支援であり、収入とは結びつかないデザインの仕事だということは、本文に例示しました。

コミュニティは、すぐには山になってはくれません。時間がかかります。これが、先にも述べましたが一万時間、おおよそ五年から一〇年だと私は思っています。本当に心地良いコミュニティにしていくためには、一〇年くらいかけて、地ならししながらコミュニケーションを積み上げる気持ちが大事なのです。

こういう感覚は、だいたいの女性はすでに持っているのではないかと思います。高齢者でも、女性のほうが生き生きしているのは、この山の乗り換えがうまいから。また、いくつものコミュニティの山が同時に走っているからです。

コミュニティを開拓すればするほど、実は「本業」にも活きてくる

ちなみに、二つ目の山を作れなかった男性はけっこう悲惨です。

定年になった途端に、行くところがなくなってしまう。会社の顧問室で囲碁を打つか、図書館で読みたくもない新聞を読むふりをするか、ドーナツ屋やカフェで暇を潰すしかない。そして、妻が営々と育ててきたコミュニティに、落下傘部隊のように乗り換えようとします。これこそ、濡れ落ち葉で最も嫌われるパターン。奥さんからすれば「邪魔なのよね」となってしまう（笑）。

そうならないためにも、三〇代、四〇代、五〇代からしっかり準備をしておかなければなりません。

ところが、ここまでアタマで分かっても、男はなかなか始められない。その言い訳は「仕事が忙しいから」「余計なことだから」「興味が持てないから」。

でも、一つ大事な話をしておきましょう。コミュニティを作れば作るほど、実は本業に返ってくるのです。仕事上の「人脈」なんぞよりも、はるかに豊かに、です。

実際、仕事とはまったく関係のないコミュニティが思わぬところでつながって、仕事にメリットが出ることは珍しいことではありません。なぜなら、そこでは「型」を超えた濃密なコミュニケーションが生まれるからです。

すべての仕事はコミュニケーションから生まれます。コミュニティほど濃密なコミュニケーションが生まれる場はありません。それこそ「レア」な場なのです。「レア」な場から生まれた仕事は会社でも高く評価されるでしょう。他の人には真似できませんから。

だから、コミュニティは、「レアな仕事人」を作ってくれる場でもあるのです。

いかにして「中くらいの幸せ」を買うか、という異色の教科書も、そろそろ終わりに近づいてきました。

みなさんは、どんな印象をお持ちになられたでしょうか。

最後に「お金とは何か」について、私の見解をシンプルに語っておこうと思います。

お金とは「ありがとうのしるし」です。だから、ありがとうを言ってもらえる場所にこそ使ったほうがいいし、使うべきです。それが、最もお金が喜んでくれる、お金の使い方です。そのことを、忘れないでください。

「ありがとう」を言ってもらえる場所に使われたお金は、「物語」を生み、絆を増殖させます。こうして「ありがとう」が循環していくことになるのです。

みなさんのお金は、「ありがとう」という感謝の気持ちを増殖していますか?

最後までお付き合いくださって、ありがとうございました。

これからのお金の使い方に、変化は出そうでしょうか。

あなたの「中くらいの幸せ」が増殖するように、少しでもお役に立てたら幸いです。

なお、本書の編集協力は『坂の上の坂』でもご一緒したブックライターの上阪徹さん、編集は『人生の教科書[よのなか]』(筑摩書房)以来のコンビでお世話になっている羽田雅美さん、そして装丁は鈴木成一さんにお願いしました。

この場を借りて、感謝申し上げます。

二〇一五年三月　藤原和博

藤原和博（ふじはら・かずひろ）
1955年生まれ。1978年東京大学経済学部卒業後、リクルート入社。2003年より５年間、都内では義務教育初の民間校長として和田中学校校長を務める。15年より「WANGアジア希望の学校基金」代表として最貧国に学校をつくる運動を開始。『不可能を可能にするビジネスの教科書　星野リゾート×和田中学校』（筑摩書房）、『新しい道徳』（ちくまプリマー新書）、『人生の教科書［よのなかのルール］』（ちくま文庫）、『つなげる力』（文春文庫）、『35歳の教科書』（幻冬舎）、『坂の上の坂』（ポプラ文庫）、『たった一度の人生を変える勉強をしよう』（朝日新聞出版）等著書多数。詳しくは「よのなかnet」に。

中《ちゅう》くらいの幸《しあわ》せはお金《かね》で買《か》える

2015年6月30日　第１刷発行

著者――藤原和博

編集協力――上阪　徹

発行者――熊沢敏之

発行所――株式会社筑摩書房
東京都台東区蔵前2-5-3　郵便番号111-8755　振替00160-8-4123

印刷――中央精版印刷

製本――中央精版印刷

ISBN978-4-480-87885-4 C0095

乱丁・落丁本の場合は、お手数ですが下記にご送付ください。送料小社負担にてお取り替えいたします。

ご注文・お問い合わせも下記へお願いします。

〒331-8507　さいたま市北区櫛引町2-604　筑摩書房サービスセンター　電話048-651-0053